Merkaba(h)

La porte du Cosmos

Alexandre Poliokhine

Merkaba(h)
La porte du Cosmos

Une forme géométrique parfaite pour

- assurer votre inviolabilité physique et psychique
- purifier les lieux où règnent les 3 M
- vous transformer sans effort pour le meilleur
- entretenir des rapports harmonieux et profitables avec vos semblables
- accéder à votre Moi Supérieur
- dynamiser des « outils » déjà bénéfiques
- survolter des mots de pouvoir – même en français
- exalter 22 graphiques inspirés
- devenir vous-même une MER-KA-BA (réaliser votre Corps de Gloire).

Ce fantastique ouvrage est livré avec
→ 1 Merkabah
→ les 22 Graphiques Inspirés

POUR QUE CHAQUE CHOSE, EN CHAQUE ÊTRE, TROUVE HARMONIEUSEMENT SA JUSTE PLACE.

ÉDITIONS ALAIN LABUSSIÈRE
B.P. 85 – F-71700 Tournus

Copyright © Editions Labussière 2007

ISBN 978-2-84988-056-2

« *La matière est plastique devant l'esprit* »

Philip K. Dick – *Siva.*

AVERTISSEMENT de L'EDITEUR

Les pratiques, les techniques, les conseils décrits dans ce livre ne doivent en aucun cas être utilisés en remplacement de traitements médicaux. Ce livre n'essaye aucunement de porter un quelconque diagnostic, de recommander un traitement, d'établir une prescription en vue de traiter des maladies, des douleurs, des blessures, ou un problème de condition physique.

Cet ouvrage est édité dans un but d'information. Il exprime une philosophie de la vie.

Seul votre médecin traitant est habilité à prescrire un traitement médical.

L'auteur et l'éditeur ne sont donc responsables en aucune manière d'une utilisation inconsidérée de cet ouvrage.

Préface

Porteur de lumière – Emile Sentier

« *C'est la position de la philosophie existentielle… Elle s'appuie sur le concept selon lequel nous sommes ce que nous faisons plutôt que ce que nous pensons. Elle trouve sa première expression dans la première partie du Faust de Goethe lorsque Faust… est en train de citer le début du quatrième Évangile : Au commencement était le Verbe. Non, au commencement était l'acte, déclare Faust. C'est de là que procède tout l'existentialisme.* »

Philip K. Dick – *Siva.*

Lorsque ALEXANDRE POLIOKHINE me téléphona en se recommandant des Editions Labussière et de l'Adepte, je ne compris de prime abord pas grand-chose à ce qu'il m'exposa. En effet, il était question d'un travail à accomplir sur les 512 mots de pouvoir runiques que j'ai rapportés dans un livre publié aux éditions Labussière, au moyen d'une Merkabah. Or, pour moi, la Merkaba, c'était – et ce ne pouvait qu'être – un concept de la mystique juive, le but principal de la vision mystique ainsi qu'il est dit dans le livre d'Enoch.

Après bien des incompréhensions qui firent de nos échanges un pur dialogue de sourds, mon interlocuteur finit par me dévoiler que la Merkabah était également une forme, plus exactement un polyèdre.

Je me renseignai donc sur ce que l'on appelle aujourd'hui la Merkabah (ou la Merkaba, car les deux orthographes coexistent)… et je ne fus pas déçu du voyage.

C'est ainsi que dans divers textes à caractère publicitaire on me demanda de vérifier si par hasard, je n'aurais pas le gène de Jésus et Marie Madeleine (autrement dit, si je ne descendrais pas de leur union supposée), on m'invita à « *réveiller mon véhicule Merkaba* », on se proposa de m'initier à la « *Technique de Lumière des Christs* » (gratuit ! illumination supérieure garantie !!), aux « *Techniques sacrées Merkaba* » (purification et auto-guérison) et aux « *Techniques d'activation du Soleil de Dieu* » (je ne compris pas très bien en quoi ces dernières différaient des précédentes).

On me proposa également des « méditations Merkaba », exercices de respiration associés à des mudras, de « *m'activer en conscience en tant que Merkaba expérience électromagnétique* » (sic !), « *d'ouvrir l'œil droit d'Horus* » comme cela se faisait au temps d'Akhenaton (!!!), d'entrer en contact ce faisant avec les Maîtres de la Fraternité Blanche, de m'inonder de flammes multicolores (bleue, jaune, rose), de « *ré-enligner* » (sic !) mes mémoires cellulaires, de me relier à la Terre baptisée pour la circonstance « *URANCIA GAÏA* », de faire circuler un flux de prana principal à travers tout mon corps pour mieux me faire « péter les chakras », et autres joyeusetés.

Celles et ceux qui me connaissent suffisamment pour avoir lu un ou plusieurs de mes ouvrages paru(s) aux éditions Labussière se doutent à juste titre que les fadaises ci-dessus ont le don de me hérisser le poil. Ce syncrétisme foutraque qui consiste à aligner les uns à la suite des autres des mots piqués à diverses traditions est la marque de fabrique du « New Age », un « mouvement de pensée » qui, selon moi, ne peut se réclamer d'aucune légitimité traditionnelle, une dérive marchande qui surfe tout à la fois sur l'inculture, la paresse et le désir de spiritualité au rabais qui caractérisent hélas nombre de nos contemporains.

Aussi, avant de rappeler le prénommé Alexandre pour l'autoriser, si je l'avais bien compris, à tripatouiller les mots de pouvoir, je téléphonai à mon ami Labussière pour en savoir plus.

« Il y a un dénommé Poliokhine qui semble parler au nom d'un groupe et qui m'a appelé de ta part. Tu confirmes ?

Je confirme

Il a évoqué d'une forme baptisée Merkabah et des mots de pouvoir runiques ; je suis allé voir de quoi il retourne : rien que des inepties new-age avec des stages hors de prix ; ton Poliokhine, si je n'écorche pas son nom, c'est le genre ? Parce que, si c'est le cas, ce n'est pas la peine d'aller plus loin.

Je te dis que ce n'est absolument pas le genre, que ces gens-là ne sont pas du tout « allumés », mais tu n'es pas forcé de me croire. Un conseil, rencontre-les, fais-toi ta propre opinion et, au bout du compte, la décision n'appartiendra. »

Cela me parut sage.

J'appelais donc Poliokhine et lui dis que je ne voulais pas discuter par téléphone. Je lui proposai donc que l'on se rencontre lors de l'un de mes prochains passages à Paris.

« Il y aura certainement d'autres personnes du groupe avec moi, ça ne vous dérange pas ?

Au contraire, lui répondis-je, plus on est de fous, plus on rit…

En attendant, pouvons-nous expérimenter ?

Il serait stupide de ma part de vous l'interdire, les mots de pouvoir runiques ne m'appartiennent pas de toute manière. Mais avant qu'on ne se soient vus, il n'est pas question de publication quelconque à laquelle mon nom serait mêlé.

Nous l'entendions bien comme cela, monsieur Sentier, et c'est d'ailleurs pourquoi je vous ai appelé, pour que vous donniez votre accord ou non. Quoi que vous décidiez, nous nous alignerons. »

Bon, me dis-je, je ne sais pas qui sont ces gens, mais au moins ils ont l'air corrects.

Environ un mois et demi après, je rencontrai cinq personnes : Alexandre Poliokhine lui-même, deux hommes et deux femmes.

C'étaient des gens dont l'âge se situait entre quarante et soixante ans. Leurs cheveux grisonnaient, voire blanchissaient, mais même les femmes semblaient n'en avoir cure. Les hommes les portaient plutôt longs, les femmes plutôt courts. Jeans et baskets pour les hommes, jupes sages et sweat-shirt pour les femmes. Ils ressemblaient à d'éternels étudiants.

Mais ce n'était pas tout à fait exact, quoique visiblement, ces gens-là ne cessaient de s'informer en tous domaines, ainsi qu'il ressortait de leur conversation brillante et documentée, mais pas pédante. Trois d'entre eux enseignaient à l'université. L'une des femmes passait ses journées (et principalement ses nuits) derrière un immense télescope ; quant à Poliokhine lui-même, il était réputé pour traduire des livres ou des articles scientifiques du russe en français ou en anglais.

Bref des « grosses tronches », comme dirait mon fils.

Si j'en parle ici au passé, ce n'est pas qu'un virus les ait décimés depuis, ou que les informations les concernant aient changé. C'est ce que j'ai appris d'eux durant le premier quart d'heure qui nous vit faire socialement connaissance. J'eus l'impression de me retrouver entre les deux guerres, quand des scientifiques de haut vol n'hésitaient pas à se hasarder dans des domaines que leurs pairs réprouvaient : je pense notamment à Don Néroman et à tous les polytechniciens qui l'entouraient et qui accoucheront d'une volumineuse « *Encyclopédie Illustrée des Sciences Occultes* », aujourd'hui très recherchée.

Puis, nous abordâmes la véritable raison de notre rencontre. Je ne suis ni un spécialiste de la radiesthésie, ni de la radionique, mais j'en sais suffisamment dans l'une et l'autre discipline pour m'apercevoir que là encore, les gens que j'avais en face de moi flirtaient avec l'excellence. Ils ne se contentaient pas d'appliquer des recettes, c'étaient d'authentiques chercheurs et la formation scientifique de la plupart offrait à leurs expériences, aussi novatrices soient-elles, toutes les garanties de sérieux requises.

Poliokhine – qui semblait être le porte-parole du groupe – me montra donc ce qu'était une Merkabah – autrement dit deux tétraèdres imbriqués tenant en équilibre grâce à un support circulaire, le tout en verre ou en cristal.

11

« Lorsque nous nous sommes intéressés aux polyèdres – me dit Poliokhine – nous avons voulu sortir des sentiers battus et ne pas commettre une étude de plus sur les célèbres solides de Platon. C'est presque par hasard que nous avons choisi la Merkabah, dont notre prof de maths ici présent nous révéla l'existence. C'était en 1996, cela fait dix ans maintenant. A cette époque, la Merkabah ne connaissait pas le succès tendancieux qui est le sien aujourd'hui. J'ai invoqué le hasard comme acteur principal de cette rencontre et je dois dire qu'il a bien fait les choses. Dès le départ, les extraordinaires propriétés de la Merkabah nous ont séduits. Elles sont si riches et si variées qu'elles ont suffi à notre bonheur jusqu'en 2004. Il faut dire que nous ne sommes pas des rapides, nous n'adhérons pas à la « science fast-food », nous n'estampillons pas à la légère. L'initié alchimique a coutume de recommander « lis, lis, et relis encore », nous, notre devise, c'est « fais, fais et refais encore » ; cent fois sur le métier nous remettons l'ouvrage et chacune de nos expériences est répétée à l'envi par divers opérateurs qui confrontent leurs points de vue. Seules, celles qui donnent les mêmes résultats après tant de répétitions sont déclarées valides et seront peut-être bientôt publiées chez votre éditeur. Les autres sont rejetées.

Mais l'une d'entre nous – Florence, elle est absente aujourd'hui, mais vous la rencontrerez une autre fois – était sans doute fatiguée de tirer la substantifique moelle de la Merkabah. Elle eut alors l'idée de faire se rencontrer le polyèdre et des graphiques agissant dont nous connaissions parfaitement la longueur d'onde émissive. Quelle ne fut pas sa surprise de voir à chaque fois cette dernière être multipliée dans des proportions considérables. Elle s'en ouvrit aux autres membres de notre groupe et nous ne pûmes que constater qu'elle disait vrai – nous reprochant intérieurement de ne pas y avoir songé plus tôt. Et nous nous mîmes d'arrache-pied au travail.

Notre travail porta très vite ses fruits. Nous nous aperçûmes que lorsqu'une Merkabah côtoyait un certain temps un objet chargé, un graphique émetteur, une forme de la géométrie sacrée (les solides de Platon, par exemple) ou encore des mots de Pouvoir, ceux-ci voyaient décupler leur efficacité en même temps que les délais de concrétisation se trouvaient réduits dans une fourchette allant de deux à dix.

Par exemple, un tarot et une boule de cristal ainsi « traités » devinrent vraiment « bavards » même s'ils étaient confiés à des personnes inexpérimentées. La Merkabah leur avait conféré, à n'en pas douter, une « inspiration transcendantale » leur permettant de répondre juste et avec une évidente clarté à des questions précises.

Notre grande satisfaction en ce domaine, il faut bien le dire, nous fut causée par l'application de notre découverte aux « mots de pouvoir runiques » tels qu'on les trouve dans votre livre. L'ouvrage contient très exactement 512 mots de Pouvoir, ce qui nous donna matière à de nombreuses expériences et nous amena à constater combien la fonction dynamisante de la Merkabah était, en la circonstance, d'une troublante efficacité.

Nous vous avons préparé un dossier complet exposant toutes les expériences que nous avons faites avec une Merkabah et les mots de pouvoir runiques. Prenez-le et emportez avec vous une Merkabah, par la même occasion. Que vous soyez spécialiste ou non en radionique importe peu, puisque n'importe qui peut faire comme nous en suivant nos instructions. Lisez, étudiez, expérimentez. Pour notre part, le temps que cela vous prendra nous importe peu. Cependant, il faudrait que vous abordiez cette question du délai avec notre éditeur commun. Lui seul peut vous dire, en fonction de son planning de parution, quand il vous faudra nous rendre une réponse, quelle qu'elle soit, afin que nous sachions si nous pouvons ou non intégrer le compte-rendu de nos expériences concernant l'apport d'une Merkabah aux mots de pouvoir runiques dans notre livre à paraître. »

Nous nous quittâmes sur ces bonnes paroles.

De retour chez moi, je compulsai le dossier qu'ils m'avaient remis. Je m'aperçus ainsi qu'ils avaient travaillé sur « seulement » une cinquantaine de mots de pouvoir runiques. Comme l'ouvrage en signale 512, il me restait de la marge. Car j'avais décidé, de mon côté, d'expérimenter sur des mots de pouvoirs runiques qu'ils n'avaient pas pris en considération afin de ne pas me laisser influencer peu ou prou par leurs conclusions.

Celles et ceux qui ont lu « *Le guide pratique des mots de pouvoir* » se souviennent sans doute que, page 51 et suivantes, je donne un certain nombre de recommandations de nature à en augmenter l'efficacité. Ces dernières s'apparentent à des rites. Les membres du groupe SPIRAD m'avouèrent avoir fait l'impasse dessus. Je fis de même et je constatai que la Merkabah y suppléait amplement.

J'ai travaillé sur ce dossier six mois – le délai que m'avait laissé l'éditeur – et j'ai eu ainsi tout le temps de constater qu'effectivement, un mot de pouvoir runique mis en présence d'une Merkabah voit décupler son efficacité dans le même temps que le délai requis pour qu'il agisse diminue considérablement.

En marge des 512 mots de Pouvoir, qui sont tous composés des trois runes, j'indique dans le livre précité un mot supplémentaire qui est lui composé de neuf runes. Je signale page 156 que « *grâce à ce mot de pouvoir consigné sous sa forme particulière, il vous faudra le plus souvent une semaine seulement pour trouver l'énergie et la concentration nécessaires afin de mener à bien un projet ayant trait à l'occultisme.* »

Cet ouvrage est paru en 1998 et j'ai eu droit, à son propos, à un courrier abondant de lecteurs m'ayant fait part de leurs expériences. C'est ainsi que je m'aperçus que le délai fixé – une semaine – était très optimiste. En fait, il fallait plutôt compter un mois.

Mais j'ai repris ce même mot, je l'ai « activé » avec une Merkabah et j'en ai distribué un certain nombre d'exemplaires. Cette fois-ci, le temps moyen de satisfaction ne se comptait plus en semaines, mais en jours : 4,3 jours pour être précis.

Vous avez compris que si, dans ce livre que vous tenez aujourd'hui entre vos mains, Alexandre Poliokhine fait, avec mon accord, référence aux vertus du couple mot de pouvoir runique / Merkabah, c'est que les six mois de tests précités m'ont donné toute satisfaction.

Ils m'ont permis également de me réjouir qu'au milieu d'une production littéraire occulte le plus souvent de pacotille, il est heureusement quelques rares comptes-rendus sincères d'expériences menées par des personnes intègres qui contribuent véritablement à faire progresser une connaissance qui nous est chère à vous comme à moi, je n'en doute pas.

J'ai l'habitude de conclure mes ouvrages par : « *Ce qui porte lumière daigne vous éclairer.* »

Me plagiant moi-même, je vous affirme que, sous ses dehors de rapport scientifique, « *Merkabah, la Porte du Cosmos* » est un ouvrage porteur de lumière.

Emile Sentier

Chapitre I

Spirad : la genèse

« *Aussi, tout ne séjourne qu'un moment sur terre et court à la mort. La plante et l'insecte meurent à la fin de l'été ; l'animal, l'homme, au bout de peu d'années ; la mort fauche toujours et sans relâche. Et cependant, comme s'il n'en était nullement ainsi, tout existe toujours en son lieu, à sa place ; c'est à croire que tout est impérissable… Telle est l'immortalité dans le temps. C'est par suite de cette immortalité que, malgré des années de mort et de décomposition, il ne s'est encore rien perdu, il n'a pas encore disparu un atome de matière, et moins encore une seule parcelle de l'essence intime qui se présente à nous sous l'aspect de la nature. Ainsi pouvons-nous nous écrier à tout moment d'un cœur joyeux : malgré le temps, malgré la mort et la décomposition, nous voici tous réunis.* »*
– Schopenhauer – « Le monde comme volonté et comme représentation. »

Comme l'a écrit monsieur Émile Sentier, je suis le porte-parole d'un groupe de recherches et d'études des phénomènes radiesthésistes et radioniques. Cette fonction m'a été dévolue à cause des avantages relatifs à mon travail : traducteur de métier, je maîtrise l'écriture d'une part, je jouis d'une grande liberté en ce qui concerne la gestion de mon temps d'autre part, choses utiles quand il s'agit de convoquer des personnes, préparer par écrit des réunions, en établir le compte-rendu ou rédiger les synthèses des divers travaux.

Cependant, **je ne suis à aucun titre investi d'une quelconque autorité au sein de notre groupe** où l'égalité entre tous les membres est la règle. Cet écrit que vous avez entre les mains a été approuvé par mes pairs et il résulte d'expériences qui ont été menées, seul ou de concert, et approuvées par les uns et les autres.

Il est avantageux de travailler chez soi, mais cela nécessite de régler les problèmes de communication qu'un tel mode de travail peut poser. Aussi, je fus en France parmi les premiers utilisateurs de l'Internet, ce qui me facilita grandement l'accès à diverses sources de communication ainsi que les relations avec les partenaires de mon métier – éditeurs, agents littéraires, collègues, graphistes, imprimeurs, etc.

Cependant, il est un autre domaine où l'Internet me permit de faire des bonds en avant en brisant mon isolement. Cela concerne une passion que je nourris depuis ma prime jeunesse : la radiesthésie et, plus tard, la radionique.

Petit parisien, je passais toutes mes vacances scolaires dans la demeure familiale que mes ancêtres, fuyant la Russie tsariste (mais farouches opposants au marxisme léninisme) achetèrent dans le Massif Central lorsqu'ils s'établirent en France (le choix de ce pays leur avait été dicté par leur maîtrise de la langue française qui était la leur ; le français était très couru dans les milieux lettrés d'Europe, et particulièrement en Russie).

Durant l'été, les divers membres de notre famille – qui avaient essaimé aux quatre coins de la France – venaient passer au moins une semaine dans cette maison si vaste qu'elle pouvait abriter sans problème tous les membres du clan familial (mais ces derniers devaient ne pas se montrer trop regardants sur le confort d'une habitation éloignée de tout centre urbain et de tout village, ne disposant même pas de l'électricité).

Je m'étais lié avec un de mes oncles qui enseignait les sciences naturelles dans un lycée. C'était un naturaliste à la Fabre qui savait reconnaître chaque bête de la création dont il détaillait de plus à loisir les us et coutumes. C'était également un herboriste dont je déplore que les magnifiques herbiers aient été détruits dans un incendie. C'était enfin, et cela le distinguait du commun des mortels, un sourcier et un radiesthésiste confirmé.

Lorsque certains de ses parents se moquaient de lui, voire le traitaient de « sorcier » (en jouant habilement sur la confusion euphonique qui peut s'établir entre « sourcier » et « sorcier »), il rétorquait que loin d'être une chimère, la validité de sa pratique pouvait être établie expérimentalement.

Et de fait, armé d'une simple baguette de coudrier flexible, il avait trouvé un point d'eau sur la propriété. De même, utilisant son pendule dont il ne se départissait jamais, il retrouvait sans mal tout objet que son propriétaire avait égaré. Il était évident que ses succès ne devaient rien au hasard.

Nos liens étroits firent que, moi aussi, je m'initiai à la radiesthésie. Et je ne démordis jamais de cette passion. Il est vrai qu'elle procure des succès d'estime socialement enviables. Par exemple, lorsque j'étais adolescent, mon

« don » me valait la considération de la gente féminine… et de solides inimitiés masculines par la même occasion.

Bien entendu, du début de mon âge adulte et jusqu'à nos jours, j'ai également exploré les arcanes d'une science que l'on dit proche cousine de la radiesthésie : la radionique. Comme tout le monde ou presque s'y intéressant, j'ai commencé par momifier un morceau de viande ou affûter des lames de rasoir usagées en utilisant une pyramide à l'échelle. Et puis, j'ai reproduit les expériences décrites dans les livres de Chaumery et Belizal, Turenne, Bovis, Bersez, Masson, Jean de la Foye, Servraux, Morel, Roger de Lafforest, etc.

Au début des années 1990, en ce domaine, l'Internet est arrivé au bon moment, car je piétinais. N'ayant pas réussi à intéresser quiconque à mon hobby, je souffrais de solitude et je manquais cruellement d'émulation. De plus, c'est à peu près à cette date que la radionique commença à être souillée par des marchands sans scrupule qui écrivaient et fabriquaient n'importe quoi.

Je lançai donc un appel au peuple par divers moyens. Celui-ci fut réceptionné par un prénommé André qui disait partager mes passions et avoir constitué en quelques vingt années un solide dossier d'expériences. Il se proposa de me rendre visite, ce que j'acceptai avec enthousiasme.

André débarqua chez moi au volant d'une vieille 4L impeccablement entretenue. En jeans et baskets, cheveux longs et lunettes rondes, il ressemblait (et ressemble toujours) à un éternel étudiant. Ce qu'il est, en fait, puisque cet ancien élève de polytechnique enseigne dans des écoles de formations d'ingénieur et poursuit par ailleurs des recherches sur les matériaux composites de construction.

A ce propos, je constate une chose : dans notre groupe, ceux qui ont fait des études scientifiques sont en très large majorité. On pourrait considérer que c'est là une anomalie, les scientifiques étant réputés avoir les pieds sur terre et être plutôt réfractaires à tout ce qui a trait au « para-normal ». Pourtant, l'attrait d'hommes de science pour la radiesthésie et la radionique n'est pas propre à notre groupe. Par exemple, Don Neroman qui fut à l'origine de la « Grande Encyclopédie Illustrée des Sciences Occultes » était ingénieur civil des mines.

Le professeur Rocard (père de Michel Rocard) a écrit une étude intéressante sur « le signal du sourcier ». Le professeur Heimme, Alexandre Rusanov, M.Pitois, ingénieur en aéronautique, Gabriel Bertrand, membre de l'Institut, l'ingénieur Vuillaume, ancien élève de polytechnique – et cette liste est loin d'être exhaustive – nombreux furent les hommes de science qui défendirent bec et ongles la radiesthésie.

Il y a peut-être une raison à cela : scientifiques ou pas, nous avons tous besoin de rêver et il est vrai que la radiesthésie s'y prête d'une part parce que les principes qui la régissent n'ont pas encore reçu d'explication définitive, d'autre part à cause des pouvoirs inconnus de l'homme qu'elle laisse supposer. Cependant, tout rêveur développe son champ onirique dans des espaces qui lui correspondent consciemment ou inconsciemment. Lorsqu'il flirte avec « l'irrationnel », l'homme de science a besoin que les expériences auxquelles il se livre donnent **des résultats**, ce qui est le cas, même leurs détracteurs ne peuvent le nier, de la radiesthésie et de la radionique.

Pour en revenir à mon propos initial, le premier contact avec André se passa très bien et, compte tenu des messages que nous avions échangés auparavant, je n'en fus pas surpris. André m'apprit qu'il s'était déjà constitué un groupe informel dont les membres s'étaient réunis autour de leur passion commune pour la radiesthésie et la radionique. J'y adhérai donc.

Avant de poursuivre plus avant l'exposé des tribulations du groupe SPIRAD et des découvertes qu'on lui doit, je ne dois certes pas négliger le fait qu'il existe des lectrices et des lecteurs de ce livre qui sont peu informés en ce qui concerne la radiesthésie ou la radionique. Que celles et ceux qui possèdent ce sujet à fond veuillent bien m'en excuser, mais un bref rappel de l'histoire de ces disciplines, des débats qui l'agitèrent et continuent de se faire, s'impose.

L'arbre généalogique de la radiesthésie remonte à la « sourcellerie », c'est-à-dire l'art de découvrir des sources ou des gisements miniers que l'on ne peut voir puisqu'ils ou elles sont terrés dans le sous-sol. Diverses représentations montrent que l'on pratiquait la sourcellerie bien avant Jésus-Christ en Chine, chez les Hébreux, les Égyptiens et les Romains. Le document indubitablement attesté le plus ancien est certainement un bas relief, de l'an 147 après J.-C., représentant l'empereur chinois YU, une baguette à la main.

Condamnée par Luther parce que soupçonnée de commerce illicite avec le diable, la baguette n'en rendit pas moins d'immenses services aux mineurs autrichiens ou allemands de la fin du moyen-âge. Et l'on trouve des défenseurs de la baguette même dans les rangs des ecclésiastiques (le père Kircher, le père jésuite Gaspard Schott, ce dernier étant vraisemblablement celui qui découvrit – ou redécouvrit – le pendule, etc.).

Jean du Châtelet, baron de Beausoleil et d'Auffenbach, et son épouse, Martine de Bertereau, mirent au point un grand nombre d'instruments qui leur permirent de découvrir métaux, minerais et sources souterraines. On leur doit en France l'invention de plus de 150 mines et sources thermales. Hélas, jaloux de leur succès, Richelieu les accusa de sorcellerie et les fit embastiller. C'est dans ce triste symbole de l'arbitraire royal qu'ils périrent tous deux.

GRISEZ, au début du XXème siècle, découvrit les mines de potasse d'Alsace grâce à ses baguettes en fanon de baleine.

Illustration du livre « De re metallica » d'Agricola (1556).

L'utilisation de la baguette prit parfois un tour inattendu. C'est ainsi qu'en 1693, à Lyon, un meurtre fut élucidé par le sourcier Jacques Aymar. Grâce à sa baguette, il identifia l'un des trois hommes qui avaient assassiné un marchand de vin et sa femme. L'homme, interrogé par la police, passa aux aveux et dénonça ses deux complices. On peut vraisemblablement dater de là l'utilisation d'un objet de détection à des fins divinatoires.

Vers 1800, le pendule remplaça progressivement la baguette et il commença à faire l'objet d'études scientifiques (de la part du chimiste Chevreul, ou bien encore de l'ancien polytechnicien, le comte de Tristan). Puis, de nouveau, les abbés s'en mêlèrent (Mermet, Bouly, Bayard, Racineux, etc.).

L'art de la sourcellerie consistait à mener des recherches sur le terrain. La radiesthésie va progressivement se libérer de cette contrainte, l'homme de l'art menant désormais des investigations sur plan. L'expérience inaugurale de cette technique nous est connue par un échange de courrier entre l'abbé Mermet et l'abbé Racineux (1919). À plus de 1050 kilomètres de distance, Mermet avait trouvé l'emplacement et le montant d'une somme d'argent que Racineux avait dissimulée.

Dans les années qui suivirent ce réel exploit, les méthodes, les champs d'investigation et les outils de la radiesthésie connurent des développements proportionnels à l'attrait que cette pratique suscitait chez un public de plus en plus large. Certes, il y eut inévitablement des charlatans, des escrocs et des illuminés qui polluèrent les connaissances en la matière. Mais dans le même temps, des publications diverses (« La Chronique des Sourciers », « La Science Nouvelle », « La Revue de la Radiesthésie », « La Radiesthésie pour tous », « Exdocin ») permirent à des chercheurs isolés de partager le fruit de leurs recherches, ce qui fit faire de véritables bonds en avant à cette discipline.

En 1911, l'industrie minière de Hanovre, en Allemagne, organisa un congrès des sourciers. En 1927, les sourciers et radiesthésistes espagnols organisèrent un congrès à Barcelone. En 1934, le pape Pie XI fit appel à un radiesthésiste l'abbé Mermet (1866-1937) afin d'essayer de retrouver les membres d'une expédition disparus au pôle Nord. A l'aide d'un pendule et d'une carte, l'abbé indiqua exactement où se trouvaient les explorateurs.

Pendant la seconde guerre mondiale, des radiesthésistes furent utilisés à des fins militaires, recherche de sources pour l'approvisionnement des troupes, détection de caches ou de pièges. Après la guerre, les recherches en commun reprirent et le premier congrès international des radiesthésistes se réunit à Paris en 1954. La même année, dans la foulée, il fut créé en France un syndicat national des radiesthésistes.

L'une des découvertes les plus étonnantes de la téléradiesthésie (ou radiesthésie à distance) est sans conteste la radiesthésie émissive. Quelle que soit l'explication que l'on avance du phénomène radiesthésique, ce dernier fut longtemps considéré comme « passif », à savoir que le radiesthésiste ou le pendule percevait « quelque chose » sur la nature de laquelle on s'interroge encore.

Or, des chercheurs eurent tout d'abord l'idée de « charger » des objets (ou de l'eau, des plantes, des traitements médicaux, etc.) d'une « intention » transmise par le pendule (le plus souvent par giration volontaire – cf. les ouvrages de l'ingénieur Frandeau de Marly parus aux Éditions Labussière). D'abord circonscrites à une stricte proximité, les expériences se sont affranchies des contraintes spatiales une fois de plus. C'est ainsi que furent tentées – avec succès, semble-t-il – des communications à distance et même l'implantation de suggestions sur des sujets consentants, mais éloignés de l'expérimentation.

Proche cousine de la radiesthésie, la radionique postule que les formes géométriques planes ou spatiales peuvent émettre des microvibrations.

Le baron allemand Von Reichenbach, le docteur Abranis, Georges et Marjorie Warr ont jeté au siècle dernier les bases de la radionique qui ne fut baptisée ainsi que vers 1949, aux États-Unis.

La radionique définit **une action exercée à distance sur un objet ou un être vivant au moyen d'une forme géométrique ou d'objets plus ou moins complexes**. Disons le tout net, bien plus que la radiesthésie, la radionique s'apparente à l'occultisme, voire à la magie ! C'est pourquoi elle a attiré en son sein nombre de charlatans qui, malheureusement, sévissent encore aujourd'hui. Certains chercheurs ont même prétendu que la connaissance radionique était le secret qui faisait la puissance de tous les mages, et ce depuis l'antiquité la plus reculée. De Belizal et Morel, par exemple, n'hésitent pas à affirmer dans « Physique microvibratoire et forces invisibles » que les Égyptiens de l'époque pharaonique connaissaient et utilisaient les ondes de forme pour conserver des corps par momification, protéger des sépultures, des trésors, ou bien encore télécommuniquer (en utilisant conjointement un pendule et une pyramide).

Là encore, si la radionique a intéressé nombre de scientifiques, c'est principalement parce que **nombre de ces expériences sont reproductibles** et qu'elles agissent sur les animaux, les plantes ou des objets inanimés. Lorsqu'il devient incontestable qu'une pyramide momifie des animaux morts ou aiguise des lames de rasoir usagées, aucun procès en supercherie ne peut être intenté, d'autant plus que contrairement à la radiesthésie, **aucune prédisposition spéciale de l'opérateur n'est requise**. Même si l'expérience précède l'explication indéniable qui se fait encore attendre (mais il en va ainsi en physique, lorsqu'une expérience contredit le système d'explication des phénomènes admis, dans l'attente d'un autre qui lui succède − cf. l'expérience de Michelson Moreley dont les résultats ne peuvent s'expliquer que par la théorie de la relativité dont la découverte est postérieure à la dite expérience), il n'en reste pas moins vrai que les résultats sont là et, à moins de faire preuve de mauvaise foi, on ne saurait les nier.

En radiesthésie comme en radionique, deux « écoles » s'opposent : les « physiciens » et les « mentalistes ».

Les « physiciens » ne veulent pas entendre parler d'action mentale, à la limite, s'ils pouvaient se passer totalement de tout opérateur, ils le feraient. Selon des « physiciens », tout se réduit à une question « d'ondes » qu'il s'agit de capter avec des instruments appropriés en faisant fi de la pensée. **Pour les physiciens, c'est l'instrument qui compte**. Pour expliquer le phénomène radionique, André Mahoux invoque d'innombrables rayonnements dans l'univers qui pourraient être focalisés par certaines formes.

Ces « ondes », les « physiciens » pensent en avoir détectées certaines, même si les preuves de leurs trouvailles font cruellement défaut. Énergies électriques, courants magnétiques terrestres, influences ultra sonores, la biogravitation du Dr. Alexander Pavlovich Dubrov, les courants électrocinétiques du Pr. R. Häfeli, les champs de tensions souterrains de Nils-Axel Mörner, la radiation par la chaleur de Gustav Freiherr von Pohl, l'ionisation du Dr. P. Dobler, le rayonnement neutronique du Dr Aschoff, la radiation thermonucléaire et micro-ondes du Pr. K.E. Lotz, etc.

Malgré ces divergences quant aux « énergies » mises en cause, les physiciens sont au moins d'accord sur un point que ne renieraient certes pas les mages : tout cela est régi par une loi de sympathie (ou de correspondance ou de résonance).

« Cette puissance mystérieuse, comment opère-t-elle ? Nous sommes à peu près certains qu'elle agit par le jeu des ondes entretenues, par la loi des semblables. » – Chaumery et de Belizal. « Essai de radiesthésie vibratoire. »

Ainsi, toute action à distance s'expliquerait par le fait que toute chose est en rapport avec le témoin qui la représente. Un terrain est « en sympathie » avec son emplacement sur une carte d'état-major, un remède avec le mot qui le désigne, un sentiment avec ce qui le symbolise, etc. De telles relations peuvent parfois sembler plus qu'étranges, mais qu'importe. Roger de Lafforest tient pour véridique que le 14 juin 1610 à la seconde même où Ravaillac assassinait Henri IV, le château de Pau, qui avait vu naître le béarnais, en fut tellement « choqué » que l'écu royal accroché sur l'un des murs s'en détacha, tomba à terre et se brisa. Ce, en vertu de « la solidarité affective » qui unissait le roi assassiné à sa maison natale.

Les « mentalistes » vous l'aurez compris, sont à l'opposé des « physiciens ». Pour eux, tout passe par le cerveau et surtout les instincts dont disposaient nos ancêtres préhistoriques, instincts aujourd'hui enfouis dans les tréfonds de la conscience, mais qui se manifestent encore faiblement.

Ainsi, la quête de l'eau pouvant s'avérer vitale, il demeurerait en nous un « instinct » qui nous permettrait de « flairer » la présence de l'eau, lequel se traduirait par des pulsations dans le corps et notamment dans les extrémités nerveuses. Leur faiblesse nécessiterait pour qu'elles soient perceptibles un bras de levier, un rôle qui convient effectivement à merveille au pendule ou à la baguette de sourcier.

Le mot même de « radiesthésie », inventé conjointement par l'abbé Bouly et l'abbé Bayard, traduit une orientation « mentaliste » puisqu'il signifie étymologiquement : *la faculté ou l'art de percevoir et d'interpréter les radiations émises par différents corps ou différents milieux.*

Le regretté Michel Moine, journaliste et grand propagateur de la radiesthésie, se disait plus mentaliste que physicien, parce que les « ondes » qu'invoquent les physiciens sont particulièrement « vagues » (ce en quoi il avait raison) et qu'il n'existe pas de radiesthésie sans radiesthésiste (certes, mais que dire des graphismes ou des appareils radioniques qui semblent fonctionner **uniquement par eux-mêmes** ?)

Avant que notre groupe de recherches ne devienne SPIRAD, chez nous aussi, le débat fit rage et il fut même parfois « chaud ». Cependant, nos découvertes successives nous ont amené à explorer une troisième voie : celle d'une « information » qui ferait en sorte que deux mondes communiquent.

C'est notre cheminement qui nous a amenés à postuler cette théorie que vous allez découvrir, entre autres, dans ce livre.

Cependant, si nous la proposons, il n'est nullement en notre intention de l'affirmer comme unique, encore moins de rentrer en conflit avec tel ou telle partisan(ne) d'une autre doctrine. Schopenhauer, dans l'exergue qui ouvre ce chapitre, invoque une réunion par delà la mort et la décomposition. Nous formulons l'espoir qu'il en soit tel, que des esprits animés de la flamme de la recherche puissent s'unir et se réunir loin de tout dogmatisme, puisque aussi bien, on sait que la vérité n'est jamais une, ni même avérée, les découvertes se succédant dans le temps.

Chapitre II

Un immense vecteur d'énergies positives

« Toute matière est par soi vivant. Tout participe d'une entité unitive ; l'univers est un et vivant, il y a une âme du monde ».
— Philip K. Dick — « Siva ».

Important : lisez ce qui suit avant toutes utilisations de votre Merkabah.

La Merkabah

- donnera une expansion considérable à votre imagination créatrice ;
- aiguisera votre intuition et vous disposera à être plus que d'habitude à son écoute ;
- éveillera, puis vous donnera la maîtrise de votre don de voyance latent.

Et plus encore

- elle vous conférera une sérénité active et porteuse d'espoir :
- de ce fait, vous sourirez à la vie, vos « idées noires » s'évanouiront comme par enchantement, vous aurez envie de croquer la vie à pleines dents.

Le meilleur reste à venir, car c'est également un surpuissant catalyseur d'énergies qui absorbe immédiatement le négatif pour le transformer en positif.

Ainsi, il vous sera donné D'EXAUCER PRESQUE TOUS VOS VŒUX !

Notre groupe de travail a toujours essayé de dépasser le consensus qui existe dans le domaine des parasciences et qui aboutit le plus souvent à ce que les auteurs ne cessent de se recopier les uns les autres.

Diverses formes avaient déjà donné lieu à nombre de livres et d'études et, à dire vrai, nous étions un peu saturés par les pyramides, les spirales escargots, les demi sphères enfilées les unes à la suite des autres et les solides de Platon.

Ce fut l'un des nôtres qui nous proposa de travailler sur la Merkabah sur laquelle, à cette époque, il n'existait aucune étude sérieuse. Nous ne risquions donc pas de nous laisser influencer à notre corps défendant par les conclusions justifiées ou non de prédécesseurs.

Nous allons donc vous faire bénéficier de notre expérience en la matière et, tout d'abord, vous guider pas à pas lors de votre première prise de contact avec votre Merkabah.

Un simple contact avec votre Merkabah témoignera immédiatement de ses radiations chaleureuses.

Sortez donc la vôtre de sa boîte, prenez-la dans la paume de votre main et refermez vos doigts dessus.

Que ressentez-vous ?

C'est quelque peu piquant, un peu froid, mais absolument pas désagréable.

D'autant plus que si vous prolongez l'expérience jusqu'à environ cinq minutes, progressivement, mais inéluctablement, vous sentirez une onde bienfaisante vous emplir peu à peu.

Elle vous apporte la sérénité, mais cette dernière n'est pas passivement béate, elle se révèle au contraire active et porteuse d'espoir : vous souriez à la vie, vos « idées noires » s'évanouissent comme par enchantement, vous avez envie de croquer l'existence à pleines dents et vous vous dites que, oui, décidément, il se pourrait bien qu'un avenir meilleur vous attende.

Seulement, voilà !

A peine avez-vous de nouveau rangé votre Merkabah dans son sachet que la merveilleuse sensation décrite ci-dessus s'évanouit.

Et vous retournez alors au quotidien qui est le vôtre !

« Ce serait bien, extraordinaire même, qu'il n'en soit pas ainsi. », pensez-vous.

Mais on ne peut pas vivre 24 heures sur 24 en tenant une Merkabah dans sa main, n'est-ce pas ?

Existerait-il cependant un moyen éprouvé de prolonger indéfiniment, même sans avoir aucun contact physique direct avec elle, les impacts positifs que votre Merkabah a sur vous ?

OUI, il y en a bel et bien un, qui plus est très facile à mettre en œuvre.

Il vous suffira, pour qu'il en soit ainsi, de créer, entre votre Merkabah et vous-même, un puissant lien de sympathie[1].

Que faut-il exactement entendre par « sympathie » ?

Si vous ouvrez un dictionnaire à ce mot, vous lirez tout d'abord en substance : « *faculté que nous avons de participer aux peines et aux plaisirs des autres (empathie) ; sentiment instinctif que l'on éprouve pour quelqu'un ou certaines choses.* »

Mais poussez plus avant votre examen et, à un moment donné, voici ce qui vous sera dit (toujours en substance) : « *rapport de convenance, de concordance que certains êtres ou certaines choses entretiennent entre eux ou elles (symbiose psychique).* »

Ce qui nous amène à proposer la définition suivante de la sympathie telle que nous l'entendons. Elle synthétise les précitées :

« *Sentiment qui unit de manière empathique deux êtres* (¹), *créant entre eux une symbiose psychique.* »

Pour créer un lien puissant de sympathie entre votre Merkabah et vous-même, il vous faut procéder en deux temps.

1ᵉʳ temps : vous allez « neutraliser » votre Merkabah.

Que faut-il entendre par là et pourquoi est-ce indispensable de le faire ?

Votre Merkabah a forcément été manipulé par d'autres mains que les vôtres, ne seraient-ce que celles qui l'ont glissé dans sa boîte.

Or, cette forme est dotée d'une formidable « mémoire ». Il se peut donc que soi(en)t actuellement déposées, dans sa banque de données mémorielle, une ou plusieurs « traces » qui pourraient entrer en interférence avec votre « code adamique (²) » qui va bientôt s'y inscrire. Cela aurait pour conséquence de désorienter votre Merkabah qui ne saurait plus exactement à qui s'adresser ni qui lui « parle. »

---

1. Nous vous proposons de créer un lien de sympathie entre votre Merkabah et vous-même. Or, qualifier « d'être » la Merkabah peut paraître excessif, principalement pour les tenants du dogme qui considère la matière comme « inerte » et l'oppose de ce fait au vivant ; pourtant, ne leur en déplaise, la Merkabah est bel et bien « vivante ».
2. Cette expression vous est expliquée plus avant dans ce texte.

C'est pourquoi, pour qu'elle vous donne le maximum de satisfaction, il convient d'effacer préventivement de sa mémoire tout ce qui peut y figurer.

C'est cela qu'on appelle « neutraliser » la Merkabah (certains parlent également de la « purifier ».)

Je vais tout d'abord porter à votre connaissance six techniques de « purification » de votre Merkabah. Vous choisirez celle qui vous convient le mieux, car **une seule suffit** à redonner à la Merkabah une totale virginité.

1. La neutralisation par la terre consistera à enterrer votre Merkabah au pied d'un arbre. Vous l'y laisserez 24 heures avant de la déterrer et de la nettoyer.
2. Pour neutraliser votre Merkabah par le feu, vous la déposerez dans une assiette résistant à la chaleur que vous déposerez sur un brûle parfums. Vous ferez brûler dans ce dernier de l'encens de Jérusalem, du benjoin ou encore de la sauge séchée. La fumigation sera abondante et devra durer huit heures au minimum.
3. Pour neutraliser votre Merkabah par l'eau, il vous faudra la laisser baigner une journée dans de l'eau de source non gazeuse additionnée de sel marin.
4. Pour neutraliser votre Merkabah par l'air, il vous faut la laisser 24 heures dans un endroit très ventée ou devant un ventilateur.
5. Pour neutraliser votre Merkabah par la lumière, il vous faut l'exposer, lors d'une journée ensoleillée, aux rayons de l'astre du jour du coucher au lever de celui-ci.
6. La sixième manière de neutraliser votre Merkabah a notre préférence. Son inconvénient est qu'elle néces-

site sept jours, son avantage est qu'elle est absolument infaillible. C'est ce que nous avons baptisé la neutralisation au moyen des sept champs émissifs.

Comme vous le découvrirez dans le chapitre V de cet ouvrage, nous avons mis en évidence sept champs émissifs différents. De plus, nous avons établi 22 graphiques actifs et, en haut de l'une des faces de chacun de ces graphiques figure le champ émissif qui lui correspond (cf. chapitre V). Il suffit de laisser votre Merkabah, reposant sur son socle, sur un graphique actif durant 24 heures, puis d'en changer chaque jour de telle sorte que chacun des dessins choisis corresponde à un champ émissif différent.

Par exemple, le premier jour, vous laisserez votre Merkabah 24 heures sur « Le Bœuf » (champ émissif : les deux urnes) ; le second jour sur « L'Eau » (champ émissif : l'amoureux de science) ; le troisième jour sur « La Dent » (champ émissif : la pierre vivante) ; le quatrième jour sur « Le Chameau » (champ émissif : le rebis) ; le cinquième jour sur « L'Ouverture de la Porte » (champ émissif : le cinabre) ; le sixième jour sur « La Paume de la Main » (champ émissif : le lion dompté) et le septième jour sur « Le crochet » (champ émissif : la balance).

2ème temps : Lorsque vous aurez utilisé l'une de ces six techniques, votre Merkabah sera alors propre comme un sou neuf, vierge de toute information d'origine humaine. Il ne lui restera plus qu'à attendre de savoir à qui elle va destiner les extraordinaires potentialités de l'énergie d'essence cosmique qu'elle recèle.

Pour que ce soit vous et exclusivement vous, vous allez vous faire « reconnaître » par votre Merkabah.

Là encore, c'est très simple à faire, comme vous allez pouvoir le constater à la lecture de ce qui suit.

Inscrivez sur une feuille de papier blanche à l'encre noire vos prénoms, votre nom (en ce qui concerne les femmes mariées, leur nom de jeune fille), votre date et votre lieu de naissance et, si vous la connaissez, votre heure de naissance.

Sur une table entièrement dégagée et très propre, posez la feuille de papier au centre, la face sur laquelle vous avez décliné votre identité étant visible, et posez votre Merkabah dessus.

Laissez ce dispositif en place cinq minutes.

Puis, pratiquez de nouveau comme lors de l'expérience initiale à laquelle je vous ai convié(e), à savoir prenez votre Merkabah dans la paume de votre main et refermez vos doigts dessus.

Demeurez ainsi durant cinq minutes pour ressentir les mêmes sensations que précitées.

C'est maintenant accompli, votre code adamique est « enregistré » dans la « mémoire » de votre Merkabah.

Et il est le seul à y être.

Comment cela s'explique-t-il ?

Pour comprendre ce qui s'est passé, il convient tout d'abord de se référer à la dimension tri unitaire de tout être humain : corps, esprit et âme (à laquelle, vous le découvrirez, s'ajoute une quatrième dimension, de même que notre espace à trois dimensions est en fait un « espace temps » à quatre dimensions).

Chacune de ces dimensions possède un nom qui lui est propre.

1. Le nom véritable de votre corps physique, ce sont tout à la fois les prénoms et le patronyme qui vous furent donnés après votre naissance. Pour le distinguer de toute homonymie possible, je vous ai recommandé d'y ajouter des données vraiment personnelles (date de naissance, etc.).

2. Votre « esprit » renvoie lui aussi à une « forme » (car tout ce qui est « subtil [3] », c'est-à-dire invisible pour une vision non exercée, possède une forme [4]). En l'occurrence, on devrait plutôt parler de plusieurs formes puisque ce sont l'aura d'une part – ce halo lumineux qui nimbe le corps physique (c'est pour faire référence à l'aura que les authentiques initiés rattachés à la tradition chrétienne représentent les saints dotés d'une auréole brillante au-dessus de la tête) – les corps « éthériques » d'autre part (ce sont des enveloppes successives à l'image de votre enveloppe charnelle et qui entourent votre corps physique). L'ensemble de ces « subtilités » porte lui aussi un nom qui vous est sans doute inconnu (à moins que vous ne soyez clairvoyant(e) ou que la Providence vous ait accordé la grâce de vous le

---

3. **On qualifie de subtil** ce qui n'est pas visible pour une vision non exercée, mais qui n'en existe pas moins dans une autre dimension **que celle qui caractérise la réalité physique.** Les corps subtils ne sont pas perceptibles par les yeux du corps, mais par « les yeux de l'Esprit ».

4. Il serait trop long et hors de propos de justifier ce que je viens d'annoncer. Cependant, vos lectures passées ou à venir d'ouvrages traitant des auras, des « corps éthériques » et du « Corps de Gloire » vous en ont ou pourront vous en convaincre.

révéler, en songe par exemple) et que l'on désigne sous le terme générique de « signature spirituelle. »

3. Votre âme, elle aussi, si elle s'incarne dans votre corps, n'est pas moins pourvue d'une forme que l'on appelle (5) le Corps de Gloire. Contrairement à votre aura et à vos corps éthériques, qui peuvent, certes, différer par la qualité (6), mais qui existent bel et bien, le Corps de Gloire, à moins que d'être un « initié », est à l'état latent chez tout individu. Pour le « réaliser », il faut l'éveiller ». Le Corps de Gloire n'est perceptible qu'aux « éveillés » et son nom leur est révélé au terme de leur initiation. Mais ce nom lui est attribué dès le départ, même s'il n'est pas « réalisé » (de même que les enfants sont voués à avoir un patronyme avant que de naître et que leurs parents, très souvent, leur choisissent un prénom avant la naissance ; il arrive même qu'un couple en désir d'enfant effectue ces choix avant la conception). Le langage courant l'appelle « le nom karmique ».

4. Enfin, il existe un quatrième « corps » que l'on appelle « Corps Adamique ». Il n'est pas à « réaliser ». Il représente la « synthèse » de votre corps physique,

---

5. **Il convient de distinguer l'appellation des divers corps subtils – qui n'est que triviale – de son nom authentique ou « mystique » qui relève du seul Mystère Sacré.**
6. Les clairvoyants distinguent les « qualités » de l'aura et des corps éthériques, qui traduisent l'état de votre vitalité et les degrés d'avancement de votre réalisation personnelle et spirituelle, par la largeur plus ou moins grande de l'aura ou de ces différents corps et principalement par l'éclat de leurs couleurs respectives.

de votre aura, de vos corps « éthériques » et de votre « Corps de Gloire ». Il est « invisible » pour tout vivant, fut-il « éveillé ». Son nom est scellé dans les archives secrètes de la « bibliothèque akhassique ([7]) ». Nos pauvres mots se réfèrent à ce nom en parlant de « code adamique ».

Ces informations, indispensables à la compréhension du mode opératoire par laquelle votre Merkabah va vous identifier, ayant été portées à votre connaissance, il est temps de passer à l'explication tant attendue.

Votre Merkabah est en fait apte à recueillir toute la mémoire du monde. En employant cette expression que je viens de mettre en exergue en la soulignant, je faisais bien entendu référence à la « mémoire akhassique ».
Si elle peut la recueillir, c'est donc qu'elle communique avec elle ?
Effectivement !
Et dans les deux sens, qui plus est !
Comme vous allez le constater lorsque je vais vous exposer maintenant comment, à partir des informations que vous lui avez communiquées, votre Merkabah va finalement être dépositaire de votre « code adamique ».

- Vous portez à sa connaissance vos coordonnées sociales personnelles.
- Elle s'en imprègne.

---

7. « L'Akhassa », ou « Éther », ou « Cinquième Élément », ou encore « Quinte-Essence », est **un lieu surréel renfermant les annales de tous les mondes passés, présents et à venir. Voilà pourquoi l'on parle de** « **bibliothèque akhassique** ».

- Elle transmet cette information à la bibliothèque akhassique et cela lui est possible car, comme nous l'avons vu, l'information circule entre elles dans les deux sens.
- « Là-haut », dans cette « bibliothèque », comme tout ce qui existe, il y a un « dossier » vous concernant.
- Ce « dossier » est complet. Il contient notamment – outre vos coordonnées personnelles – votre « signature spirituelle », votre « nom karmique » et votre « code adamique ».
- La « bibliothèque » informe la Merkabah de ce dernier.
- Elle « l'inscrit dans sa mémoire » [8].

---

8. **Très important : à partir de cet instant, vous devez veiller à ce que plus personne d'autre que vous, sans considération du lien qui pourrait vous unir à cette personne, ne la touche. En effet, votre Merkabah risquerait de nouveau de s'imprégner des « effluves » de « l'étranger(e) », ce qui serait de nature à la « perturber ». Or, pour qu'elle vous serve au mieux, vous devez demeurer la ou le seul(e) « amante » (ou « amant ») de votre Merkabah.**
Certes, si semblable mésaventure arrivait tout de même, ce ne serait pas irréparable. En effet, il suffirait de « neutraliser » de nouveau votre Merkabah, puis de procéder une nouvelle fois à « l'inscription de votre code adamique ». Et tout redeviendrait comme au jour où vous avez fait cela pour la première fois.
Mais je dois vous dire qu'alors, **vous y perdriez tout de même quelque chose. En effet, la relation « d'amour » mutuel qui va vous unir à votre Merkabah ira s'amplifiant avec le temps. Vous le constaterez aisément à ce que ses vibrations deviennent chaque jour de plus en plus fortes et de plus en plus pertinentes. Ce bénéfice induit d'une longue fréquentation, vous le perdriez dans l'hypothèse d'une nouvelle « neutralisation », car on sait que cela rend la Merkabah totalement « amnésique ».**

Et maintenant, votre Merkabah va vous connaître encore mieux que vous ne vous connaissez vous-même !

Car votre « code adamique » signe non pas ce que vous êtes actuellement (que désigne votre civilité), mais ce que vous êtes appelé(e) à devenir, votre Karma enfin achevé.

Alors va commencer, entre votre Merkabah et vous-même, une merveilleuse relation intime et « sympathique » qui vous ouvrira toutes grandes les portes permettant d'accéder directement au cœur des vibrations positives qu'elle émet, ce qui non seulement lui permettra de vous en faire bénéficier encore plus, mais surtout de vous les faire ressentir durablement, à condition tout de même que vous la portiez sur vous ou qu'elle soit près de vous, mais sans pour autant qu'il soit nécessaire qu'elle entre en contact direct avec votre corps.

Tout cela n'est-il pas déjà extraordinaire ?

Ça l'est effectivement, et vous n'allez pas tarder à vous en rendre compte !

Mais il y a plus encore ! Bien plus !

Car votre Merkabah peut aussi se transformer en **un surpuissant catalyseur d'énergies qui absorbe immédiatement le négatif pour le transformer en positif.**

Et c'est la raison pour laquelle elle est capable de contribuer grandement à ce que presque [9] tous vos souhaits soient exaucés !

---

9. La raison d'être de ce « presque » est portée à votre connaissance à la fin de ce chapitre.

Comme il m'est coutumier, avant de vous donner le « mode d'emploi » pour qu'il en soit ainsi, je vais justifier mes dires qui peuvent certes paraître outranciers, mais qui ne se révèlent nullement comme tels à l'examen puisqu'ils sont fondés sur le bon sens.

Tout vœu que l'on souhaiterait voir exaucer, tout désir que l'on voudrait assouvir, tout besoin que l'on voudrait combler dans l'avenir correspond inéluctablement à un manque que l'on ressent dans le présent.

Il ne peut en être autrement et c'est là-dessus que nous allons nous appuyer.

Comme toute idée ou comme tout ressenti, toute sensation de manque correspond à une vibration ondulatoire.

Je vous concède qu'elle est certes de nature négative, mais elle a le mérite d'exister.

Pourquoi dis-je cela ?

Tout simplement parce que la « longueur d'onde » de cette énergie négative est semblable « en valeur absolue [10] » à celle de l'énergie positive qui lui correspond.

---

10. La notion de valeur absolue est une notion algébrique. Pour l'expliquer, je vous soumets cet exemple simple : vous avez perdu 15 euros, traduisez cela par moins quinze (− 15) ; vous vous êtes au contraire enrichi(e) de 15 euros, toujours sur le papier, écrivez : plus quinze (+ 15). Quinze (15) renvoie à une même somme ; **c'est ce que l'on appelle la « valeur absolue » de ces deux expressions**. Par contre, les signes − et + qui précèdent cette valeur absolue commune indiquent dans quel sens circule cette somme d'un montant de 15 euros : dans un cas, elle sort de votre poche (moins), dans l'autre elle y rentre (plus).

Un exemple s'impose : une personne qui est dans le dénuement financier émet sur la fréquence « – argent », une qui est dans l'opulence sur « + argent ».

Il est clair qu'il suffit de transformer le moins en plus pour passer du dénuement à l'opulence.

Or, transformer, la Merkabah sait faire cela à merveille. **C'est un « transformateur » de haut vol !**

La Merkabah possède l'étonnante propriété de transformer l'énergie. Dans le cas qui nous occupe, cela sera « instantané », car elle n'a pas à transformer une énergie en une autre qui soit de nature différente ; elles sont en effet de même nature, il suffit de capter la négative correspondant au besoin à combler, puis simplement d'en « changer le signe », pour émettre la vibration qui correspond à l'accomplissement du vœu.

Concrètement, comment les choses vont-elles se passer ?

Comme précédemment, vous écrirez sur une feuille de papier blanche et à l'encre noire un « mot témoin » [11] représentatif de votre vœu.

Attention : dans un souci de clarté, vous veillerez à ce que ce « mot témoin » soit unique (par exemple, « argent », « vitalité », « amour », etc.).

Il s'en suit que vous ne pourrez recourir à l'aide puissante de votre cristal que pour un seul vœu à la fois.

---

11. **La technique des « mots témoins » apporte depuis des lustres d'immenses satisfactions aux radiesthésistes chevronnés les plus exigeants.** Nous consacrerons par ailleurs dans ce livre un vaste développement à l'utilisation conjointe de la Merkabah et de « mots de pouvoir ».

Choisissez donc de ce fait le plus important pour vous, ou celui qui est le plus commandé par l'urgence.

Ensuite, exactement comme vous avez fait lorsque vous avez procédé à « l'inscription » de votre « code adamique » dans le cristal, sur une table immaculée, vous allez poser ce papier en son centre de telle sorte que le « mot témoin » qui s'y trouve inscrit soit visible.

Puis, toujours comme lors de l'inscription de votre « code adamique », vous allez placer le cristal sur cette feuille de papier.

Que va-t-il se passer alors ?

- Par le « mot témoin », le Merkabah va « s'imprégner » de la nature de votre besoin.
- Il va ensuite « capter » l'énergie négative qui lui correspond.
- Puis, il la « transformera », c'est-à-dire qu'il en changera le « signe ».
- A l'arrivée, il va alors « émettre » une énergie de même nature, mais positive cette fois-ci.

La « vibration souhait » a donc correctement été émise à la précédente étape, comme nous l'avons vu. Et ce, instantanément.

Il ne faut tout de même pas croire cependant qu'elle trouvera sa satisfaction dans les secondes qui suivront. Il convient de demeurer réaliste. Vous avez écrit le mot « argent », vous l'avez posé sous votre merkabah ; ne vous attendez cependant pas à ce que, dans les minutes qui suivront, les cieux s'ouvriront et déverseront sur vous un déluge de billets de banque. Nous avons eu recours à une « technologie » issue d'une « science parallèle », pour autant, nous ne sommes pas entrés ce faisant dans l'univers du mythe, du merveilleux ou du miracle.

Naturellement, la concrétisation que vous espérez prend du temps, ne serait-ce que parce qu'elle est liée à la vitesse d'exécution qui a cours dans notre monde physique.

Pour résumer, je dirai que « l'ordre d'exécution » est donné dès que la vibration positive a été émise, mais après, pour qu'il soit effectivement suivi d'effet ici-bas, certaines actions devront nécessairement être engagées qui vont toutes requérir le temps nécessaire à leur mise en œuvre.

Toujours pour reprendre l'exemple d'une « vibration argent », si vous le gagnez au jeu (domaine dans lequel je ne souhaite pas engager trop de lecteurs… vous devrez prendre un ticket, le remplir, engager votre pari, attendre les résultats, puis la réception du chèque de votre gain. Si cet argent vous échoit suite à une opportunité financière que vous saurez cette fois-ci [12] saisir au vol, il sera tout de même nécessaire, avant qu'elle ne porte ses fruits, qu'elle se présente à vous et que vous agissiez ensuite en conséquence. Cela aussi prend du temps.

Paris et Rome ne se sont pas faits en un seul jour, souvenez-vous en !

Ce que je viens d'énoncer a pour conséquence un inconvénient mineur : votre dispositif « mot témoin » / Merkabah doit demeurer en place jusqu'à ce que vous ayez constaté dans votre vie quotidienne qu'il a bien « fonc-

---

12. Car l'une des vertus de votre Merkabah est de développer votre intuition et de vous apprendre à ouvrir l'œil et le bon, quel que soit le domaine concerné ; ainsi, à des petits signes, des petits riens, vous répondrez de plus en plus vite « présent(e) » chaque fois que le destin vous fera un clin d'œil complice.

tionné » (vous le disposerez dans un endroit discret de votre maison, une armoire par exemple).

Mais en attendant, votre Merkabah ne peut plus vous faire bénéficier de ses « ondes » positives, surtout lorsque vous êtes à l'extérieur.

C'est pourquoi celles et ceux qui sont devenus des « adeptes » de la Merkabah – comme ce sera bientôt votre cas – en ont toujours deux ([13]). Bien entendu, pour chacune d'elles, ils procèdent tout d'abord à la « neutralisation », puis à « l'inscription du code adamique ».

Ils vouent l'une à leur service quotidien et de tous les instants, l'autre à celui de leurs aspirations.

Autre information : pourquoi ai-je précisé que votre Merkabah pouvait exaucer « presque » tous les souhaits et **non pas tous les souhaits** ?

Il existe deux raisons d'être à cette restriction.

1ère raison : **les vibrations spécifiques de votre Merkabah sont uniquement des vibrations orientées vers le Bien et l'Amour Inconditionnel et sans Limite.**

Si quelqu'un réclamait à une Merkabah de « porter la poisse » à une autre personne, d'assujettir un tiers à une relation de subordination contre le gré du dit tiers, et autres « joyeusetés » que peuvent concocter les envieux, les jaloux, les calomniateurs et autres malfaisants, la

---

13. Si vous souhaitez, vous aussi, posséder une Merkabah supplémentaire, faites-en la demande à l'éditeur de ce livre. C'est peut-être un peu onéreux pour certains, mais ce prix ne prend pas en considération **les immenses potentialités que je viens de vous révéler, et que je vais continuer de ce faire tout au long de ce livre.** Aussi, dites-vous bien qu'**une Merkabah utilisée selon ce qui vous en est dit, ça n'a tout bonnement pas de prix !**

Merkabah serait dans la totale incapacité de ce faire.

Tout simplement parce qu'elle ne comprendrait pas semblable demande.

Elle ne parle pas ni n'entend la langue postérieure à « la Chute », et les discours pervers relayant des intentions détestables qui en sont issus lui sont absolument étrangers.

Elle est « née » bien avant cela !

Sa « langue », c'est une partie du Verbe Créateur.

Elle n'en possède certes pas tous les mots ni toute la puissance.

Elle n'en est pas moins capable de créer un « petit Éden ».

Cet aspect de la Merkabah sera développé plus longuement dans la suite de ce livre.

2ème raison : elle tient à « la Loi du Karma » – ou « loi des causes générées dans les vies antérieures et dont les effets vont se produire dans l'existence présente ».

Il se peut que même un « bien » qui vous comblerait dans cette existence présente corresponde, compte tenu de votre Karma à un « mal » pour ce dernier, car l'intervention favorable de votre Merkabah, en l'occurrence, vous empêcherait de régler par vous-même un problème lié à votre « dette karmique » et d'alléger ainsi cette dernière.

Or, **le règlement de la dette karmique** qui, seul, peut assurer votre évolution spirituelle dans votre existence présente et lors de vos prochaines réincarnations, **est le but essentiel de toute vie**.

Nombreux sont ceux qui l'ignorent… à leurs dépens.

A la « matière » (qu'il ne convient pas de nier, car nous ne sommes pas désincarnés), il convient de privilégier, chaque fois que c'est possible, les exigences de l'esprit, et surtout celles de « l'âme ».

Bien entendu, à moins que d'être « éveillé(e) », vous ignorez tout de l'état de votre « dette karmique », de ce qu'il conviendrait de faire pour la résorber, de ce qui risque de l'aggraver.

N'ayez crainte.

Car votre Merkabah, elle, en est parfaitement informée !

Je vous rappelle en effet que, depuis qu'elle est entrée en contact avec la banque de données akhassiques, il lui fut communiqué tout votre « dossier ».

Lequel comporte, entre autres données essentielles, votre « nom karmique » qui l'informe de votre Karma et où vous en êtes par rapport à lui (quand je vous disais ci avant qu'elle vous connaît mieux que vous-même, vous voyez bien que je n'étais pas dans l'erreur !)

Soyez certain(e) que, **si votre Merkabah s'aperçoit que votre demande présente est contraire à votre réalisation karmique, elle n'y répondra pas, car elle privilégie toujours le long terme par rapport au factuel**, votre Devenir Essentiel plutôt que les satisfactions de votre personnalité actuelle.

Ceci étant, je vous rassure tout de suite, de tels conflits entre votre Destinée ultime et votre existence présente sont assez rares (excepté dans l'hypothèse d'une très grosse dette karmique), mais cela existe tout de même de temps à autres.

Aussi, si un jour, votre Merkabah ne vous donne pas satisfaction, ne la vouez pas aux Géhennes pour autant.

Ce serait tout d'abord la marque d'un manque de reconnaissance inqualifiable eu égard à tous les services qu'elle n'aura pas manqué de vous rendre.

Cette ingratitude serait de plus une « faute » qui ne ferait qu'alourdir encore plus la dite dette karmique. Votre merkabah vous guidera toujours vers plus de bien.

Ainsi donc, ce qui n'était somme toute, en apparence (mais les apparences sont trompeuses, dit-on souvent à juste raison) qu'une forme va se transformer, grâce à la mise en pratique d'un Savoir extraordinaire, en

- un extraordinaire dispensateur d'énergies bénéfiques, d'une part ;
- un fabuleux « activateur de chance », une pertinente « machine à souhaits » d'autre part.

Notice technique

- Votre première expérience (ressenti au bout d'un laps de temps très bref)

Sortez votre Merkabah de sa boîte, prenez-le dans la paume de votre main et refermez vos doigts dessus.
Demeurez ainsi environ cinq minutes.
Vous ressentez alors une onde bienfaisante vous emplir peu à peu.

- Pour que votre Merkabah devienne réellement votre amie bienfaisante de tous les instants, cela se passe en deux temps.

1 – Vous devez tout d'abord « neutraliser » votre Merkabah selon l'une des six « techniques » décrites dans ce livre.

2 – Vous créerez ensuite un puissant lien de sympathie entre elle et vous en agissant comme suit.

Vous inscrirez sur une feuille de papier blanche à l'encre noire vos prénoms, votre nom (en ce qui concerne les femmes mariées, leur nom de jeune fille), votre date et votre lieu de naissance et, si vous la connaissez, votre heure de naissance. Vous pouvez ajouter autant d'informations personnelles que vous le souhaitez.

Sur une table entièrement dégagée et très propre, vous poserez la feuille de papier au centre, la face sur laquelle vous avez décliné votre identité étant visible, et vous déposerez votre Merkabah dessus.

Vous laisserez ce dispositif en place cinq minutes.

Cela ne se fait normalement qu'une seule fois. Mais si quelqu'un d'autre que vous touche votre Merkabah, vous devrez tout refaire (neutralisation et création du lien de sympathie).

• **Pour que votre Merkabah vous aide dans la réalisation d'un objectif.**

Si ce n'est déjà fait, vous la « neutraliserez » et créerez le lien de sympathie qui vous unira.

Comme précédemment, vous écrirez d'abord sur une feuille de papier blanche et à l'encre noire un et un seul « mot témoin » représentatif du souhait que vous souhaitez voir se réaliser dans un laps de temps raisonnable.

Ensuite, sur une table immaculée, vous allez poser ce papier en son centre de telle sorte que le « mot témoin » qui s'y trouve inscrit soit visible. Puis, vous allez placer le cristal sur cette feuille de papier (1 minute suffit).

Enfin, vous transporterez ce dispositif dans un lieu discret et l'y laisserez jusqu'à votre complète satisfaction.

Alors, avec cette même Merkabah, vous pourrez requérir que soit réalisé un autre souhait en pratiquant de même.

Chapitre III

Le Pouvoir amplificateur de la Merkabah

« Avec ce signe, j'abolis le sortilège. »
— Wagner — *Parsifal* acte III.

Des objets dotés d'une certaine puissance

Dans un ouvrage intitulé « Les lois de la chance », à la question posée par Lamartine *« objets inanimés, avez-vous donc une âme ? »*, l'auteur, Roger de Lafforest, ne craint pas *« de répondre avec assurance que les objets faits de matière inerte (qu'ils soient meubles, ustensiles ou bibelots), bien que sans vie et sans conscience, n'en ont pas moins parfois une personnalité rayonnante et peuvent être de véritables accumulateurs de forces. Ils sont capables de contrarier ou de favoriser la chance... »*

Roger de Lafforest poursuit son exposé par une habile distinction portant sur la puissance des objets. Celle-ci, dit-il, peut être **empruntée ou essentielle**.

« *Elle est empruntée lorsque les objets se sont imprégnés, par une inexplicable osmose, du fluide vital de leurs propriétaires successifs, ou bien lorsqu'ils ont absorbé, comme une éponge, les effluves immatériels d'un climat, d'un milieu, d'un décor où ils ont longtemps séjourné.* »

Est-ce un phantasme ? Il semble que non. Par exemple, plusieurs bijoux dans l'histoire – et non des moindres – paraissent accréditer cette thèse.

L'exemple le plus fameux est celui du « Hope » dont le moins que l'on puisse dire est qu'il porte mal son nom (« hope » étant un nom et un verbe de la langue anglaise signifiant « espoir, « espérance », « espérer »).

« Le grand diamant bleu » ou le « diamant maudit », comme on le surnomme, semble en effet avoir avec constance porté malheur à tous ses possesseurs successifs.

Rapporté des Indes par Tavernier en 1668, il est acquis par Louis XIV. En 1672, il est retaillé en forme de cœur et de 112 carats, il passe à 67. Le « diamant de la couronne » – comme il est appelé à l'époque – a déjà alors une très mauvaise réputation de « porte-malheur » qui serait la conséquence du fait qu'il ait été arraché à la statue d'une déesse hindoue, laquelle en aurait été très « chagrinée » et ne cesserait depuis de se venger de cet « affront ».

Quoi qu'il en soit de cette rumeur, la liste des « victimes » du diamant est impressionnante.

A tout seigneur tout honneur, Tavernier fut la première victime du « sort » : ruiné, il mourut dévoré par des chiens sauvages (ce qui, vous en conviendrez, est peu banal).

Le règne de Louis XV, auquel il échut, fut marqué par de nombreuses calamités et revers de fortune ; ce déclin de la monarchie, déjà entamé à la fin du règne du « Roi soleil », préfigure ce qui ne tardera pas à se produire, à savoir la révolution française.

Et de fait, Louis XVI et Marie-Antoinette qui en héritèrent, furent, quant à eux, guillotinés sous la Révolution.

En 1792, le diamant maudit disparaît de la circulation. Tout à coup, en 1830, il refait surface lors d'une vente aux enchères à Londres, mais il a considérablement « maigri » : il ne pèse plus que 44,50 carats. La raison en est qu'il était, on ne sait comment, devenu la possession d'un diamantaire, Wilhelm Fals. Ce dernier avait entrepris de le retailler pour masquer la véritable identité du joyau. Hélas pour lui, la série noire devait continuer : il se fit voler le diamant par son propre fils et en mourut de chagrin. Le félon ne profita pas de son forfait puisqu'il se suicida quelques années plus tard.

Le diamant est ensuite acquis par le banquier Henry Philip Hope, qui lui « lèguera » depuis son nom. En 1908, il s'en sépara pour rembourser ses dettes, ce qui n'empêcha pas toute sa famille – et lui aussi – de s'éteindre rapidement dans la pauvreté.

Un prince en devint propriétaire. Il offrit le diamant à une actrice des Folies Bergères qu'il tua peu de temps après.

Le possesseur suivant disparut avec ses proches dans un accident de voiture.

Puis, le diamant passa entre les mains du sultan Abdulhamid qui, quelque temps après, fut chassé du pouvoir par une révolution.

Une riche Américaine acquit le bijou ; il s'en suivit la mort de son fils en voiture, la folie de son mari et le décès par overdose de sa fille.

La déesse a-t-elle eu son compte, sa soif de vengeance est-elle assouvie ? Toujours est-il qu'en 1947, le « Hope » devint la propriété du joaillier des stars, Harry Winston, et depuis, rien à signaler, si ce n'est que Harry l'offrit en 1958 au Smithsonian Institute of Washington.

Tous les objets ne sont pas maléfiques, loin s'en faut. Ne dit-on pas que l'égyptologue Carter fut le seul qui échappa à la malédiction qui semble avoir frappé tous les membres de l'expédition qui mit à jour le tombeau de Toutankhamon, ce parce qu'il avait porté sur lui une bague qu'il avait trouvé dans le lieu où reposait le pharaon ? Elle aurait joué en l'occurrence un rôle protecteur, sur le lieu même d'où serait partie la malédiction frappant les profanateurs, il y aurait eu un antidote – cette bague dont Carter eut la chance ou la prescience de s'emparer (lire à ce sujet le livre de Jean-Claude Secondé « Bijoux et Pierres d'Influence » chez le même éditeur.)

Si c'est avéré, cela apporterait de l'eau au moulin de certains auteurs qui prétendent par ailleurs que la « qualité » bénéfique ou maléfique semblant s'attacher à tel ou tel objet résulte d'une « opération magique ». Il existe à ce propos une abondante littérature concernant « la magie des charges ».

« Une des pratiques les plus mystérieuses de la magie maléfique est celle connue sous le nom de « charge » magique. Elle consiste en la composition d'un maléfice qui a pour propriété de communiquer aux hommes et aux animaux un mal étrange et dont les manifestations seront en rapport de la nature de l'agent qui l'aura déterminé. Les seuls vrais praticiens de cette magie maléfique ont toujours été les sorciers de campagne.

Déjà, au dix-septième siècle, le berger Hocque tuait les bestiaux, à distance et sans aucun contact, à l'aide d'un maléfice qu'il appelait le Beau Ciel Dieu. Cette charge, composée d'eau bénite, de fragments d'hostie, de riz corrompu par du sang d'ani-

maux et de quelque autre substance moins anodine, s'enterre au seuil des étables ou dans les prés : un troupeau entier est bientôt ravagé.

Les sorciers de campagne s'en servent encore aujourd'hui, soit contre les hommes, soit contre les animaux. Mais c'est toute une « pratique ».

Il y a la question du lieu. Ce lieu, favorable à l'élaboration de la « charge », le sorcier doit le chercher. Il le reconnaît à certains signes, à une végétation spéciale. Puis, il faut que la personne « prenne le sort », c'est-à-dire qu'elle passe d'elle-même à l'endroit maléficié à son intention, afin que le maléfice soit, d'une manière quelconque, mis en contact avec le maléficié. Si, par exemple, le seuil même de sa demeure est un lieu favorable, elle prendra le sortilège du premier coup.

Les signes de l'ensorcellement sont de plusieurs sortes. Lorsqu'un coup de magie vous a atteint, vous vous en apercevez aux ongles des mains qui tendent à se recouvrir d'une peau venant de leur racine. Lorsqu'on éprouve des vertiges près des bois ou des étangs, c'est que l'on est sous la puissance d'un sortilège. Enfin, lorsque la « charge » est près de vous anéantir, vos yeux voient scintiller devant eux des taches violettes.

Il est également possible de se soustraire aux sortilèges des sorciers par une contre-magie.

Elle consiste généralement à faire bouillir des clous dans une marmite en pensant fortement au mal qui a été donné, alors le sorcier souffre horriblement et est obligé de venir demander pardon à sa victime. Mais il ne faut pas que celle-ci lui réponde, ni surtout que le sorcier arrive à la toucher, car alors la contre-charge serait rompue.

Mais si les sorciers savent comment on engendre la cause d'un mal, de même ils savent comment on la détruit.

Les procédés pour lever un mauvais sort varient selon le cas. Ou bien ils vous enserrent la tête dans un bandeau de chanvre ;

ou bien, ils vous commandent de fermer le poing, fermant aussi le leur, et opposent leurs phalanges aux vôtres, en appuyant fortement.

Il y a aussi des cas où la « charge » elle-même devient impuissante et menace l'existence du sorcier. C'est, par exemple, lorsqu'il ose opérer contre celui qui a ce qu'on appelle en sorcellerie : les yeux du bon Dieu, ou bien encore lorsque le maléficié découvre la « charge ».

Ce fut justement le cas du sorcier Hocque, dont nous parlions au début de cet article, qui, mis en prison comme accusé d'avoir magiquement déchaîné la mortalité qui décimait les troupeaux de Pacy, tomba raide mort dans son cachot au moment où, loin de là, son ennemi, le sorcier bourguignon Bras-de-Fer, venait de découvrir l'emplacement de la « charge » et de l'enlever. » – Texte publié dans le N° 29 des « Annales Initiatiques » – Janvier à Mars 1927.

Si la magie des charges est connue en occident, elle avait – et a toujours – cours également en Afrique et en Asie. Chez les Batak, par exemple, qui occupent une grande partie de la province montagneuse située au nord de Sumatra, on trouve de nombreuses figurines ayant une fonction offensive ou défensive, la « charge » elle-même étant introduite dans l'objet par des trous carrés qui sont pratiqués dans le flanc, la poitrine ou le ventre de ce dernier, puis obturés après insertion.

Les fétiches africains sont également des objets chargés. Il en va ainsi des « Nkisi » du Bas Congo. Voici ce que dit de l'un d'eux monsieur Willy Chelman.

« En 1956, M. Chelman, mon père, travaillait pour la Shell au Congo, à cette époque il habitait Luluabourg (Kananga) dans le Kasaï. Ma mère venait de perdre un premier enfant, et en atten-

dait un second (moi). *Bien entendu, après cette triste expérience, mes parents vivaient dans l'angoisse du second accouchement. Ils avaient alors à leur service deux « boys », Pedro et Marcel. Pedro Lemba était d'origine Bakongo et, voyant le désarroi de mes parents, leur offrit ce Nkisi qui appartenait, il y a très longtemps à un très puissant nganga, dit-il. Mon père accepta le cadeau... Pedro ajouta qu'il avait toujours été dans sa famille et que les enfants nés sous sa protection possédaient des pouvoirs « magiques »... En tout cas, il porta chance à mes parents et l'accouchement se passa sans problème. »*

Les « objets chargés » ne peuvent être décelés qu'à l'usage. A moins que vous ne soyez doté(e) d'une intuition extraordinaire ou bien encore que vous soyez vous-même un(e) radiesthésiste confirmé(e), si vous avez des doutes, nous vous conseillons de faire analyser l'objet suspecté par un pendulisant réputé. Vous saurez ainsi si vos soupçons étaient fondés et, surtout, si charge il y a, quelle est sa nature : positive ou négative ?

Que faire d'un objet chargé « négativement » ? S'en séparer, c'est clair et net.

Nous vous recommandons de ne surtout pas le vendre en dissimulant à l'acquéreur la charge négative qui s'y rattache, car ce serait là commettre une mauvaise action dont vous pourriez avoir à subir le choc en retour.

Le mieux est de réduire l'objet en cendres s'il est fait de bois, ou encore de l'enterrer en pleine nature et ce, quelle que soit la valeur financière du dit objet ou encore le lien affectif qui vous unit à lui. La puissance de destruction de certains de ces objets « maléficiés » peut en effet être redoutable.

Mais que faire d'un objet chargé positivement ? **Dans cette circonstance, votre Merkabah peut rentrer puissamment en action.**

Il vous suffira de la poser sur son socle à côté de l'objet **durant une quinzaine de jours. La charge positive liée à l'objet se trouve alors décuplée.** Bien entendu, cet « effet dopant » diminue avec le temps. Nous recommandons de recommencer l'opération **environ une fois par an.**

La puissance des objets est « essentielle », poursuit Roger de Lafforest, « *lorsque rien que par leur forme ou par leur matière, ils concourent à l'harmonie universelle ou la contrarient. Ces objets-là ne sont pas irradiants, ils ne sont pas le réservoir ou le véhicule de forces étrangères : simplement, ils SONT. Par le seul fait qu'ils sont inscrits dans un certain plan, dans un certain réseau de lignes, et qu'ils ne représentent le plus souvent un symbole, ils créent ce que nous appellerons (à défaut d'un vocable exact) un champ de forces, comme disent les physiciens.* »

L'exemple le plus frappant des objets dont la puissance est essentielle sont les amulettes, les talismans et les pantacles.

« Beaucoup d'étudiants de la Magie pratique ne se rendent pas compte exactement de ce que sont les talismans et les pantacles ou s'en font une idée tout à fait fausse.

Qu'est-ce donc qu'un pantacle ? Supposons un occultiste praticien ou magiste qui, par les procédés habituels, vient d'entrer en relations avec un esprit : s'il veut conserver ses relations avec cet esprit, il sera nécessaire qu'il accorde avec lui une sorte de plaque vibrante. C'est cette plaque vibrante qui porte le nom général de pantacle.

Pour faire ce pantacle, il faut que la nature de la plaque vibrante soit d'une nature correspondante avec les affinités de l'être fluidique, sa couleur, ses parfums, etc. Elle doit être imbibée de ces derniers.

Il faut alors :

1° exposer la plaque à l'induction de l'esprit appelé ou présent, de manière à ce qu'elle rende les mêmes vibrations ou ondes harmoniques que cet esprit ;

2° laisser imbiber la plaque de la substance fluidique de l'esprit ;

3° conserver la charge de la plaque (en l'enveloppant d'un sachet de soie).

Il faut mettre sur la plaque :

1° le nom de l'esprit ou de l'ordre auquel il appartient ;

2° le signe idéographique par lequel il est désigné ;

3° et généralement le nombre de ses vibrations par seconde.

Vibrant à l'unisson avec un esprit, le pantacle écarte par suite les ondes parasites des esprits mauvais ; il est alors une amulette.

Le pantacle doit éprouver une transformation intra-atomique par suite du passage du courant fluidique et il devient lui-même le siège d'un courant analogue. Quelle que soit sa nature, métal, bois, pierre, le pantacle est un condensateur ; il est le point où le fluide de l'être attiré vient frapper et, s'il est porté sur la poitrine de l'opérateur, il établira ainsi un lien entre ce dernier et l'être fluidique.

Le talisman est une bague formée de deux métaux soudés ou en contact parfait et d'une pierre précieuse correspondante (il peut contenir une substance végétale et une substance animale).

C'est un générateur d'un léger courant sous l'action d'un courant supérieur. Il est accordé non avec l'être fluidique externe, mais avec celui de l'opérateur. Il sert à préserver de telle ou telle influence nocive ou à communiquer tel ou tel pouvoir. Il engendre un courant fluidique qui se répand dans l'opérateur et lui devient particulier. Il n'agit que sur une seule personne, et c'est pourquoi les talismans sont rigoureusement personnels. » – Texte publié dans le N° 22 des « Annales Initiatiques » de Avril à Juin 1925.

Roger de Lafforest les appelle des « objets signes ». Ils témoigneraient de ce que Teilhard de Chardin appelait « la puissance spirituelle de la matière. »

Là encore, pour déterminer si « l'objet signe » est bien tel, et s'il est bénéfique ou maléfique, le concours d'un radiesthésiste peut s'avérer nécessaire. Cependant, avant que d'y recourir, un bon dictionnaire des symboles peut vous aider à faire « parler » l'objet en question. De même, quelques connaissances des vertus des proportions pourront s'avérer utiles. Ainsi, tout graphisme et tout objet, amulette ou pantacle dont les rapports de dimension expriment le nombre d'or sont bénéfiques. Mais il convient de se méfier des symboles dans lesquels figurent des polygones dont les côtés sont en nombre impair (excepté le triangle).

Pour démultiplier la charge positive attachée à un objet signe à l'aide de votre Merkabah, vous pratiquerez comme il est dit précédemment.

Par contre, contrairement à ce qui se passe avec un objet maléfiquement chargé, la Merkabah peut neutraliser un objet signe négatif.

Voici comment pratiquer : sur une feuille de papier, tracez deux droites perpendiculaires (une croix). Placez l'objet signe sur le point de concours de ces deux croix et la Merkabah à côté. **Laissez le dispositif en place quinze jours**.

Cette opération de « neutralisation » n'est à faire qu'une seule fois, la neutralité de l'objet signe étant alors définitivement acquise.

Merkabah et Mots de Pouvoir

La puissance affirmée du verbe est une constante de la littérature mystique et occulte. C'est par le Verbe que le Grand Architecte de l'Univers créa le monde. Et c'est, sans prétendre pour autant se hisser à la hauteur du démiurge, l'espoir qui sous-tend toute prière et toute incantation magique : créer une réalité conforme à son souhait.

La Puissance du Verbe créateur est mise en exergue dans l'Évangile selon Saint Jean. Dans ce dernier, la Lumière est assimilée au Verbe, car le Verbe fait émerger ce qui existe de l'obscurité et de l'indistinction qui règnent dans le chaos.

Nommer et éclairer sont une seule et même action, qui revient à créer. Et, à son tour, l'homme qui nomme telle ou telle chose se fait démiurge : il participe de la connaissance de ce qui est. Or, **connaître, c'est avoir du pouvoir sur**.

« Beaucoup d'hommes sont ce qu'ils sont parce que leur mental a subi l'imprégnation d'un proverbe, a été subjugué dès l'enfance par l'obsession d'un proverbe mis sous une forme lapidaire. Une devise judicieusement choisie peut orienter une destinée, jouer le rôle d'un véritable talisman. Je soulignerais aussi le pouvoir du rythme ; celui de la rime, surtout lorsqu'elle se joint au rythme (poésie, musique). « La Muette de Portier » a suscité l'indépendance belge. La Marseillaise a gagné la bataille de Valmy. Certains airs, certaines poésies contiennent des suggestions extrêmement puissantes, s'imposant comme de véritables obsessions. L'initié doit savoir les utiliser. » Texte émanant de « L'Ordre des Connaissants ».

La puissance du verbe n'est pas une exclusivité du judéo-christianisme, on la trouve partout présente. Elle semble à tel point essentielle que, si elle fait défaut, elle ne tarde pas à s'inviter. Elle était par exemple absente du bouddhisme originel. Mais vers les IIème et IIIème siècles, des bouddhistes – réunis notamment autour du monastère de Nalanda – sous l'impulsion d'un ancien brahmane, NAGARJUNA, réintégrèrent un fond magico-religieux à leur pratique et signèrent ainsi la naissance du bouddhisme ésotérique. Des syllabes révélées au cours de méditations furent censées véhiculer des vérités spirituelles profondes et manifester l'énergie de divers plans de conscience. La voie des formules permet, selon les adeptes de cette pratique, d'accéder directement à l'illumination des bouddhas. Elle porte le nom de « Véhicule du Diamant ».

Cependant, la puissance du verbe ne se limite pas à l'oralité. Six alphabets sont réputés sacrés : ce sont l'égyptien, le chinois, le tibétain, le sanskrit, l'hébreu et l'alphabet runique.

Si les langues qui les utilisent adoptent bien une fonction de communication, en arrière plan, elles se rattachent à une vision cosmogonique. **Ce sont des langues qui tentent de dire l'origine du monde**.

Chaque lettre de l'alphabet qui les compose est censée avoir une vertu symbolique. La question qui se pose est : cette dernière est-elle active ? **La réponse apportée par la radionique est oui**. Pour avoir nous-mêmes beaucoup travaillé sur l'alphabet hébreu, nous pouvons le confirmer. Sans doute à cause de sa forme originelle, chaque lettre véhicule une information de nature transcendante (ou « inspirée »).

De la lettre, on passe volontiers aux mots. Nous avons vu que les radiesthésistes utilisaient volontiers des « mots témoins » qui se substituent à ce que traduit le mot.

Des mots témoins aux mots de pouvoir, il n'y avait qu'un pas à franchir, et ce fut vite fait.

Les mots de pouvoir existent bel et bien. Pourquoi, selon vous, dans les rites catholiques d'avant Vatican II, des mots comme « Amen » ou « Kyrie », qui sont grecs, ont-ils été maintenus dans une liturgie qui était quasi exclusivement en latin ? C'est qu'aucune traduction ne pouvait se substituer à eux puisqu'ils étaient porteurs d'une certaine puissance qu'aucune traduction n'aurait su restituer.

La Magie connaît certains de ces mots mystérieux : AGLA, notarikon de la phrase « Atah Guibor Leolam Adonaï » (A toi la Puissance pour toujours, Seigneur) que l'on trouve dans le rituel de bannissement du Pentagramme ; ARARITA, notarikon d'une phrase signifiant « un est son commencement, une est son individualité, sa permutation est une » ; il figure dans le rituel de l'hexagramme ; le fameux ABRACADABRA, mot à invoquer pour faire apparaître une lueur dans les ténèbres, etc.

Le célèbre « Dogme et Rituel de Haute Magie » que l'on doit à Eliphas Levi, est truffé de mots de pouvoirs associés à 243 figures magiques qui, dans le rituel proposé, conduisent à mener à bien charmes et enchantements.

Les grimoires du Moyen-âge semblent avoir mis à contribution une langue en folie. Dans les formules invocatoires que contiennent ces ouvrages – qu'on aurait tort de traiter à la légère sous prétexte que tout cela n'est que superstition – on trouve de tout : du français approximatif, du latin de cuisine, du grec et de l'hébreu déformés. On trouve aussi, et surtout, des mots issus d'une langue imaginaire (ou originelle ?). On les pressent rocailleux, barbares et terribles. Ils font penser à ceux qui figurent dans les œuvres de Howard Phillips Lovecraft. Dans les campagnes, on disait autrefois que ces mots étaient empreints d'un pouvoir diabolique.

Les mots écrits dans une langue vulgaire peuvent-ils être dotés de pouvoir ? La réponse est oui si l'on fait référence à l'autosuggestion. On songe par exemple aux effets bénéfiques induits par la répétition de la fameuse phrase recommandée par Emile Coué : « *Chaque jour, et à tous point de vue, je vais de mieux en mieux.* »

Mais les radioniciens vont plus loin. Ils disent que de simples mots porteurs de sens associés à des graphismes, des girations volontaires d'un pendule, etc., produisent les effets qu'on en attend. Nous-mêmes, en recommandant au chapitre précédent d'associer Merkabah et intention exprimée sur le papier, avons agi en ce sens.

Cependant, il nous est apparu qu'il était également souhaitable d'étudier ce qui pourrait résulter de l'union d'une Merkabah et d'un mot de pouvoir rédigé dans une langue sacrée. L'hébreu ayant été abondamment étudié, nous avons finalement opté pour le Futhark runique, ce d'autant plus que nous disposions de l'ouvrage d'Emile Sentier paru aux Éditions Labussière : « Le Guide Pratique des Mots de Pouvoir ».

Dans cet ouvrage, Émile Sentier a identifié 512 mots de Pouvoir de trois runes chacun. Il les a répartis en 12 sections différentes qui vont de « *vaincre toutes vos craintes* » (section 1) à « *vous protéger efficacement* » (section 12). Ces mots, dit-il, sont « *efficaces, ciblés et cohérents* ».

Nous avions donc à notre disposition un vaste champ d'investigation qui avait cependant déjà été exploré par un chercheur réputé pour son sérieux.

Nous nous répartîmes environ cinquante mots de pouvoir runiques. Notre premier soin fut de mesurer la longueur « d'onde » émise par chacun de ces mots à l'aide d'un pendule et d'une échelle Bovis et de noter le résultat de cette mesure. Puis, nous déposâmes sur chacun de ces mots **reproduits à l'encre noire sur une simple feuille de papier** une Merkabah. **Toutes nos mesures concordèrent. Dans un délai variant entre 48 et 72 heures, les dites longueurs d'onde mesurées de nouveau avaient augmenté dans des proportions considérables.**

Etait-ce à dire pour autant que les « vertus » de ces mots de pouvoir avaient, elles aussi, été « stimulées » par la Merkabah ? A vrai dire, nous n'en savions rien et ne nous sentions pas vraiment aptes pour en juger. D'où notre appel à Émile Sentier. Ce qui suivit cette démarche vous a été conté dans la préface de ce livre qu'il a lui-même rédigée.

L'avantage, c'est que la confirmation qu'il nous a apportée de ce que nous soupçonnions n'est pas auto réalisatrice. Émile Sentier a confirmé par des moyens qui ne doivent rien à la radiesthésie ou à la radionique ce que ces techniques nous avaient préalablement laissé entrevoir.

Notre travail porta donc très vite ses fruits. Pour résumer, nous nous aperçûmes que lorsqu'une Merkabah côtoyait un certain temps un objet chargé, un graphique émetteur, une forme de la géométrie sacrée (les extraordinaires solides de Platon, par exemple) ou encore des mots de Pouvoir, **ceux-ci voyaient décupler leur efficacité en** même temps que les délais de concrétisation se trouvaient réduits dans une fourchette allant de deux à dix.

Par ailleurs, un tarot et une boule de cristal ainsi « traités » devinrent vraiment « bavards » même s'ils étaient confiés à des personnes plutôt inexpérimentées. La Merkabah leur avait conféré, à n'en pas douter, une « inspiration transcendantale » leur permettant de répondre souvent juste et avec une évidente clarté à des questions précises.

Une grande satisfaction nous fut ensuite causée par l'application de notre découverte aux « mots de pouvoir runiques » tels qu'on les trouve dans le livre d'Émile Sentier. L'ouvrage contient très exactement 512 mots de Pouvoir, ce qui nous donna matière à de nombreuses expériences et nous amena à constater **combien la fonction dynamisante de la Merkabah était, en la circonstance, d'une troublante efficacité**. Ce fut de plus confirmé par l'auteur.

Il était écrit que le domaine des mots nous serait particulièrement favorable. En effet, peu de temps après, nous découvrîmes avec stupéfaction qu'il était possible, **grâce à un procédé très simple, d'activer certains mots de n'importe quelle langue, et bien entendu de la langue française**. Une seule condition : ces mots devaient exprimer des intentions positives (on ne peut pas « activer » le mot « vengeance », par exemple – la raison de cela vous est expliquée au chapitre suivant). Considérez les perspectives illimitées qui s'ouvrent dès lors. Vous comprendrez aisément quel parti vous pourrez tirer de cette sublime découverte en « vitalisant » grâce à une Merkabah les mots **AMOUR, ARGENT, VITALITÉ, RÉUSSITE**, etc., transcrits grâce à ce merveilleux procédé.

Après que nous ayons expérimenté les mots de pouvoir runiques, un de nos membres nous fit remarquer que le recours à une langue étrangère, fut-elle sacrée, pouvait désarçonner et rebuter de nombreuses personnes. Dans l'hypothèse où l'on a recours à un alphabet sacré, le mot écrit devient pantacle. Encore fallait-il connaître dans cette langue le mot correspondant au désir que l'on souhaitait exprimer. Ne pouvait-on, en partant de la langue française, aboutir à une représentation qui aurait valeur symbolique ?

Telle fut la question qui se posa à nous à un moment.

Il existe des tables de concordance entre divers alphabets (grecs, hébreux, latin, etc.). Nous avons dont travaillé en ce sens, mais cela ne nous a menés nulle part.

Par contre, force est de reconnaître qu'il existe entre lettres et nombres des relations intimes qui permettent de passer d'un monde à l'autre. C'est patent en hébreu où, les chiffres et les nombres n'existant pas, ce sont les lettres qui ont une valeur numérale. Ça l'est beaucoup moins avec l'alphabet moderne qui coexiste avec les chiffres et les nombres arabes.

Le kabbaliste Georges Lahy (Virya) a établi la correspondance suivante entre les lettres et les nombres de l'alphabet latin.

A = 1 – B = 2 – C = 3 – D = 4 – E = 5 – F = 6 – G = 7 – H = 8 – I = 9 – J = 10 – K = 20 – L = 30 – M = 40 – N = 50 – O = 60 – P = 70 – Q = 80 – R = 90 – S = 100 – T = 200 – U = 300 – V = 400 – W = 500 – X = 600 – Y = 700 – Z = 800.

Toute lettre accentuée a la même valeur que la lettre sans accent, le ç vaut 3 comme le c et les lettres accolées valent la somme des deux lettres (œ = 60 + 5 = 65).

Ayant posé cette correspondance inspirée de la numération hébraïque, il applique aux mots ou suite de mots les règles de la guématrie, c'est-à-dire qu'il additionne les valeurs numériques des lettres qui les composent.

Cette façon de procéder est-elle pertinente ? Certains indices semblent le montrer. Prenons par exemple le mot antéchrist et voyons ce que cela donne : 1 + 50 + 200 + 5 + 3 + 8 + 90 + 9 + 100 + 200 = 666, soit... le nombre de la Bête, tel qu'il est dit dans l'Apocalypse de Jean.

De même, certaines correspondances laissent rêveurs. « Christ triomphant » et « transfiguration » valent tous deux 1173, Adolph Hitler = Gestapo = désespoir = 463 ; « Oussama ben Laden » + « Effondrement » = 1270 = « Tours jumelles ».

Trop de coïncidences se présentent en suivant cette piste pour mériter qu'on les qualifie telles...jusqu'à cette dernière que je laisse à la sagacité des lectrices et des lecteurs : « église » = « enfer » = 156.

Nous avons donc travaillé sur les nombres ainsi obtenus. Là encore, ce fut l'échec sur toute la ligne.

L'un de nous eut alors l'idée que, peut-être, c'était la forme des chiffres qui ne convenait pas.

Il existe un sceau célèbre appelé « Khâtem Suleïman » ou « Cachet de Salomon » que voici.

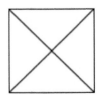

Cachet de Salomon

Il est patent qu'il a servi à donner forme aux chiffres arabes, comme nous le démontrons ci-après.

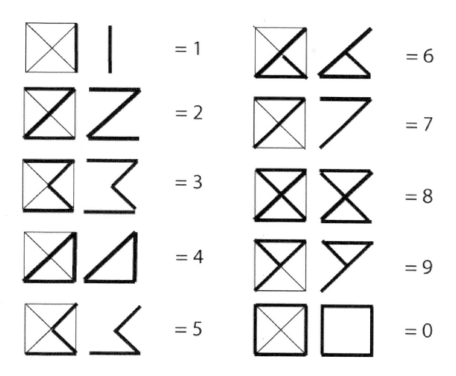

Considérons maintenant le mot Amour, soit 1 + 40 + 60 + 300 + 90 = 491

Transcrivons maintenant comme suit le nombre 491.

Et nous obtenons un mot de pouvoir, vibrant sur la vibration « Amour ».

En déposant sur ce mot de pouvoir une Merkabah, cette vibration sera décuplée, et le temps de concrétisation de votre vœu considérablement diminué.

Ne nous demandez pas pourquoi il en est ainsi, nous n'en savons rien au stade actuel de nos recherches. La seule chose que nous avons pu constater, c'est que cela fonctionne.

Une explication rationnelle du phénomène, nous n'en doutons pas, sera fournie tôt ou tard.

Chapitre IV

D'autres vertus
de votre Merkabah

« *Quatre murs surmontés d'un toit, c'est ce qu'il y a de plus important au monde. Le bien et le mal, le meilleur et le pire viendront de là pour l'homme qui vit, qui mange et qui dort, qui pense et qui imagine, qui se révolte et qui se résigne, qui aime et qui hait, qui travaille et qui paresse, qui crée et qui rêve, qui souffre et qui jouit, dans ce tiroir ou ce cube aménagé avec plus ou moins de confort et de raffinement. Aucun être vivant n'échappe à l'influence de la maison qu'il habite.* »
– Roger de Lafforest – *Ces maisons qui tuent.*

En même temps que nous nous livrions à des expériences concernant l'action qu'une Merkabah peut avoir sur des objets chargés, des objets signes ou des mots de pouvoir, nous découvrions que par ailleurs, la proximité quotidienne d'une Merkabah nous apportait de grandes **vraiment devenus les siens. Elle vous fait bénéficier tout à la fois de sa protection** satisfactions. Nous avions pris pour principe de toujours l'avoir près de nous, sur une table de travail, dans une table de nuit, lors de nos déplacements dans un sac ou une valise, etc. Bref, nous nous efforcions de ne jamais nous en séparer.

Et nous ne pûmes que constater que **la Merkabah était cause, sans que nous ayons rien à faire, de résultats d'une rare intensité obtenus en un temps très court**.

On sait déjà que la Merkabah dégage naturellement et spontanément une telle énergie que tout individu – aussi peu réceptif soit-il – est touché d'une façon ou d'une autre par sa puissance invisible.

On sait aussi que, passé un premier contact mémorable, dès qu'elle connaît votre « carte d'identité cosmique » (à savoir votre code social, votre signature spirituelle, le nom réel de votre Corps de Gloire et votre Code Adamique), **la constance du dévouement et la fidélité de votre Merkabah sont sans égale 24 heures sur 24. Vos intérêts sont paternelle, de sa vigilante sollicitude maternelle et de son assistance fraternelle.**

Mon conseil : lorsque vous vous déplacez en empruntant la route, le train, la voie maritime ou celle des airs, n'oubliez surtout pas d'emporter avec vous votre Merkabah, cette fidèle compagne qui assurera votre totale sécurité (nombre de mes connaissances laissent maintenant en permanence une Merkabah dans leur voiture).

Ce qui est particulièrement important, c'est que **votre Merkabah est dotée d'un immense discernement et d'une très grande sagesse. Pour votre profit personnel, elle « verra » loin – et juste – dans le temps comme dans l'espace. Elle pourra de ce fait vous « inspirer » on ne peut plus judicieusement lorsque vous devrez prendre une décision importante. Et quand vous l'aurez prise, elle** guidera constamment vos pas afin que vous puissiez passer outre toutes les embûches, tous les obstacles et tous les pièges.

Pour toutes ces raisons, à l'usage, votre Merkabah se révèlera vraiment une merveilleuse compagne. Elle deviendra votre irremplaçable objet de pouvoir strictement personnel.

Par exemple, **séance tenante, elle vous mettra totalement à l'abri de bien des embûches de la vie, qu'elles soient d'ordre psychique ou physique** (toujours en tenant compte, bien sûr, de l'état actuel de votre karma.

Vous le percevrez à ce que **les malfaisants passeront désormais leur chemin**. C'est qu'ils ne pourront plus vous nuire psychiquement (et ils s'en rendront bien vite compte).

Pourquoi ? Pour la simple et bonne raison qu'**aucune négativité ne pourra franchir l'extraordinaire enveloppe énergétique défensive dont votre Merkabah vous aura doté(e)**. Aussi, les « nuisibles », frappés brutalement de terreur à l'idée seulement de se « frotter » à cette barrière infranchissable et répulsive, se détourneront à tout jamais de votre chemin.

Donc, si vous constatez que certaines personnes disparaissent « mystérieusement » de votre existence (parfois même du jour au lendemain) peu de temps après que vous ayez reçu votre Merkabah, vous comprendrez aisément pourquoi.

Ce qu'il faut retenir de tout cela, c'est **que l'action protectrice et fertilisante de votre Merkabah vous assiste toujours dans les cas d'urgence ET fait rigoureusement et durablement obstacle à toutes les manifestations de malveillance ou de haine.**

Toujours en ce qui concerne la protection de votre intégrité, sachez que **votre Merkabah vous préviendra de toute rupture de l'équilibre vibratoire environnemental** dès que celle-ci se manifestera1t. Si tel est le cas, elle le fera à sa façon, c'est-à-dire que, le plus souvent, vous constaterez que votre Merkabah émet une lueur légèrement bleutée dans l'obscurité.

Et là encore, **vous n'aurez rien à faire**.

En effet, **automatiquement**, votre Merkabah agira d'abord comme un paratonnerre pour vous éviter de souffrir des conséquences de ce déséquilibre. Puis, elle séparera et expulsera **spirituellement** (l'emploi de ce terme est totalement justifié et revêt la plus haute importance ; cf. le chapitre suivant) les énergies impures générées à cette occasion. Enfin, elle rétablira cet équilibre rompu pour que s'opère un retour durable à l'harmonie.

Ainsi s'explique que votre Merkabah puisse vous protéger aussi efficacement de toute mauvaise influence, **quelle qu'en soit l'origine**.

Les ondes nocives furent mises en évidence en 1929 par deux savants allemands : Krintzinger et Gotsche. En 1931, un bénédictin, le R.P. Wehrmetster, fut le premier inventeur d'un appareil pour les bloquer. Ses travaux ont été repris par nombre de successeurs.

A la lumière des connaissances actuelles, que peut-on dire des « ondes nocives » ?

Il existe, dans l'univers, des forces « positives » et des forces « négatives ». On ne doit pas entendre « positives » ou « négatives » dans le sens « bonnes » forces et « mauvaises » forces, mais bien dans celui où l'on parle, en électricité, de force positive (+) et de force négative (-). Ce sont donc des forces de signes et / ou de natures contraires qui normalement s'équilibrent et, quand c'est le cas, l'harmonie règne. C'est ainsi, par exemple, que normalement, toute force « cosmique » (ou « en provenance du Ciel ») est équilibrée par une force « tellurique » (ou « en provenance de la Terre »).

Cependant, si cet équilibre vient à être rompu, que ce soit au profit des ondes « positives » ou « négatives » ne change strictement rien à l'affaire : l'une des forces va « émettre » au détriment de l'autre, et cette « émission » excessive sera toujours suivie d'un désagrément, tout au moins si ce déséquilibre tend à durer (ce qui est généralement le cas et, le pire, c'est qu'il a tendance à l'inflation : plus il dure, plus il est violent).

Pour illustrer ce que l'on vient de dire, les rayons de soleil compensés par la couche d'ozone ont une action bénéfique sur la terre. Mais si la couche d'ozone vient à diminuer (ce qui est actuellement le cas), il s'en suit des sécheresses, des cataclysmes naturels et des cancers de la peau. Le problème que pose actuellement notre société c'est que, sacrifiant au seul et unique profit, elle cause des déséquilibres d'une ampleur telle qu'ils pourraient, à terme, se révéler redoutables pour l'avenir de l'espèce humaine. Il est certain que de ce point de vue, le compte à rebours a déjà commencé.

Pourquoi un tel déséquilibre se produit-il ? Quand ce n'est pas du fait de l'inconscience humaine, le plus souvent, il ne faut pas voir à l'œuvre une volonté « mauvaise » (quoique cela puisse parfois être le cas). En fait, l'équilibre est un état fragile. Et les réseaux telluriques (en particulier les réseaux Hartmann et Curry, et leurs points de croisement), les failles, les eaux et les cavités souterraines, les rayonnements électromagnétiques divers (appareils électriques et électroniques, ordinateurs, télévisions, rayonnements venant de l'extérieur), les murs « chargés négativement » (« maisons à histoire »), certaines formes de construction nocives et certains matériaux qui ne le sont pas moins (ce que l'on rencontre fréquemment dans les constructions postérieures à la seconde guerre mondiale), les masses métalliques (voiture, chauffages, chauffe-eau), etc., sont de nature à provoquer de tels déséquilibres.

Le déséquilibre vibratoire auquel la Merkabah remédie peut donc être inscrit dans le sol ou dans les murs d'un lieu donné, mais il peut également être causé par des inventions ou des installations humaines : lignes à haute tension, téléviseur, ordinateur, four à micro ondes, téléphone portable, etc.

Un exemple de déséquilibre vibratoire pouvant faire des ravages – il serait la cause de nombre de cancers – est exposé par **les deux éminents chercheurs que furent L. Chaumery et A. de Bélizal** dans leur remarquable ouvrage intitulé « Essai de Radiesthésie Vibratoire ».

« La cellule humaine, animale et végétale... pour croître normalement... doit obligatoirement, pendant toute la durée de son existence, vibrer dans l'équilibre de deux forces : la Force Tellurique qui vient de la terre et la Force Cosmique... Si, pour une raison quelconque, une de ces deux forces vient à faire défaut, c'est très rapidement le déséquilibre engendrant la maladie sous ses formes diverses, et cela dès que le Grand Sympathique aura flanché et ne remplira plus son rôle de défenseur de l'organisme. »

Il existe aussi ce que l'on appelle « la mémoire des murs ». Comment expliquer cette « mauvaise haleine du passé » ? Dans certaines circonstances, un lieu peut « enregistrer » des scènes de violence ou autres qui s'y seraient produites et créer de ce fait une ambiance invivable. Là résiderait l'origine de la croyance aux fantômes. Dans ce cas également, **votre Merkabah se transformera en un incomparable harmonisateur d'ambiance.**

Par ailleurs, **votre Merkabah vous purifiera en profondeur physiquement et psychiquement** (car les deux sont indubitablement liés) **dès que vous entrerez en sa possession**.

Elle combattra rapidement et efficacement nombre de maux qui pourraient vous affecter : tristesse, dépression, désespoir et crises de cafard, insomnies, peurs, nervosité, mauvaises pensées, etc.

Elle dissoudra aisément vos mauvaises habitudes, vos dépendances, vos a priori et vos blocages.

Elle éteindra les braises encore douloureuses des échecs passés et des peines encore vives.

Puis, elle s'ingéniera à placer toutes vos actions sous le signe du succès et ce, en empruntant autant de voies qu'il le faudra.

C'est ainsi qu'elle démultipliera l'impact de tout projet d'avenir afin qu'il se concrétise plus facilement ; **elle renforcera votre magnétisme personnel** et votre intensité aurique (donc, votre pouvoir de séduction) ; elle créera des champs d'harmonie quasi irrésistibles faisant de vous un authentique aimant affectif (vraiment percutant dans le domaine sentimental) ; elle accroîtra, puis transmutera votre énergie vitale de telle sorte que s'épanouisse en vous ces pépites intenses de bien-être que sont la joie et le goût de vivre et d'entreprendre.

En marche vers une prospérité nouvelle, vous sentant en permanence heureux (heureuse), inaccessible à toutes les contrariétés et à tous les contretemps, vous ferez profiter par contagion votre entourage de votre bonheur tout neuf.

Car votre Merkabah initiera également une meilleure entente avec vos semblables pouvant déboucher sur de solides amitiés et des relations illuminées par la plus totale sincérité.

Enfin, elle mettra très souvent un terme aux conflits familiaux et conjugaux et purifiera un environnement pollué par la jalousie, les mauvaises pensées, l'envie, les disputes, la nervosité et la rancœur.

Il est aussi en son pouvoir de **provoquer des rencontres au plus haut point profitables**, à tous niveaux et en tous domaines, et de **favoriser les bonnes associations et les bons concours de circonstance**.

Comment ? De la façon la plus simple qui soit.

Chaque fois que vous croiserez la route d'une personne qu'il serait intéressant que vous approchiez (et ce, en tous domaines, professionnel, d'affaires ou affectif), votre Merkabah vous en avertira subtilement (à la manière qui lui est propre en ce cas, et dont vous prendrez très vite l'habitude ; c'est toujours un signe corporel particulier qui se manifeste alors ; chez nombre de personnes, il s'agit d'une impression de démangeaison au niveau du plexus solaire ; si ce n'est pas cette sensation qui vous sert « d'avertisseur », quelle qu'elle soit, vous apprendrez bien vite à la reconnaître).

Vous serez ainsi doté(e) d'un sixième sens infaillible, un précieux atout, vous en conviendrez, dans une société où les simples apparences sont bien souvent trompeuses.

Après, ce sera à vous de jouer… avec l'aide de votre Merkabah.

Autre phénomène troublant, il semblerait que **côtoyer fréquemment une Merkabah rétablisse la circulation du courant prânique à l'intérieur de la glande pinéale, ce qui est l'objectif recherché par les respirations yogiques.**

A ceci près que pour l'adepte du yoga, il faut observer des années d'ascèse volontaire pour y parvenir. Alors qu'**avec une Merkabah, la réussite en ce domaine est obtenue sans avoir rien à faire en quelques semaines seulement.**

Il s'en suit **une meilleure connaissance de soi, l'éveil notable des capacités télépathiques, de la médiumnité latente, des perceptions extra sensorielles et autres aptitudes cachées en général.**

Qui plus est, la Merkabah stimule et équilibre les échanges continuels entre les deux hémisphères cérébraux. Elle se révèle de ce fait **le starter idéal de toute méditation active et constructive, de la relaxation profonde et de la concentration.**

Elle facilite de plus l'**accès au Moi Supérieur.** Il en résulte **un formidable développement spirituel,** voie royale vous permettant de parvenir à l'Amour Inconditionnel. Ce dernier, rappelons-le, est la marque distinctive de tous les grands guérisseurs spirituels. On pourra disposer une merkabah dans la pièce où l'on pratique le yoga, la méditation ou la guérison spirituelle.

Compte tenu de tout ce qui précède, nous osons affirmer que **la Merkabah est une lumière aux portes de l'éternité.**

Nous sommes certains qu'elle éclairera votre route avec une troublante efficacité, car c'est **une voie royale exclusi-**

vement spirituelle (voyez pourquoi il en est ainsi au chapitre suivant) **qui mène à toute forme d'accomplissement**.

Lorsque tout a échoué, ce Générateur d'Abondance se trouve être l'outil privilégié des plus exposé(e)s, des plus fragiles, des plus seul(e)s.

D'autant plus, comme vous le découvrirez dans les deux chapitres qui suivent, qu'**elle est le « moteur » principal d'une authentique « centrale du bonheur »** et que de plus, elle sera l'outil indispensable qui vous permettra de concrétiser l'immense rêve de nombre d'initiés : **réaliser votre corps de Gloire.**

Chapitre V

La Centrale du Bonheur

« L'information externe ou gnose consiste donc en instructions de déconditionnement tandis que le noyau central de l'information nous est intrinsèque – il est déjà là (observation d'abord faite par Platon : apprendre n'est pas autre chose que se ressouvenir). »

– Philip. K. Dick. – Siva.

Tout semblait nous sourire et pourtant... à ce stade de nos recherches, nous eûmes presque peur.

Car plus le temps passait, plus se faisait jour la formidable puissance de ce que nous avions découvert. « C'est une bombe » avait dit l'un d'entre nous. Effectivement ! Et c'est pourquoi nous craignions que mal employées, mises entre les mains de pervers, nos découvertes puissent servir la cause du Mal avec la même intensité et le même zèle qu'elles servent celle du Bien.

Ce n'était pas de la paranoïa de notre part. Deux chercheurs qui ont travaillé de concert, A. Masson et J. Bersez, ont fait au moins une fois la cruelle expérience que des ondes dues aux formes, mal employées, pouvaient se révéler dangereuses.

Voici ce qu'en dit l'un d'eux : « *Afin de réaliser des expériences sur végétaux, il me fallait des témoins magnifiques, en pleine forme... Le résultat fut catastrophique : toutes les plantes dépérirent et je tombais moi-même malade. Comme il était préférable de m'occuper de ma propre santé, j'en ai oublié mes plantes qui sont toutes mortes.* »

Il convient de dire que le chercheur avait en l'occurrence joué à l'apprenti sorcier. En effet, son expérience consistait à vérifier le pouvoir nocif d'une forme donnée dans des conditions données. L'intensité destructrice supérieure à celle qui était attendue, l'imprudence qui a consisté à laisser toutes les plantes se côtoyer expliquent ensuite ce désastre.

Ici donc, il y a à des fins d'expérience une intention destructrice qui échappe à l'expérimentateur, s'amplifie et fait tache d'huile. Cependant, il est patent que des effets secondaires négatifs de diverses expériences peuvent résulter d'une méconnaissance. C'est comparable au sort funeste qui fut celui de Marie Curie qui, pour avoir trop manipulé sans précaution du radium en ignorant le danger qu'il y a à agir ainsi, contracta une maladie funeste.

Dans le milieu de la radionique, nombre de rumeurs circulent : tel ou telle aurait succombé à la suite d'expériences trop « poussées ». Je soupçonne que beaucoup, en les laissant se propager, jouent à se faire peur d'une part, cherchent à donner de l'importance à leurs propres recherches d'autre part : une discipline se doit, pour intéresser un large public, de pouvoir exhiber des « martyrs ».

Cependant, force est de reconnaître que la pratique de la radionique ne va pas toujours sans danger. Et dans la mesure où nous avions constaté que la Merkabah amplifiait l'intensité des émissions, nous avons craint dans le même temps qu'elle ne fasse de même pour les risques potentiels.

Or, nous le savons maintenant, c'est impossible.

En effet, la suite de nos investigations nous a prouvé que la Merkabah seule ou associée – soit à des « outils » existant déjà, soit à l'un ou l'autre de nos merveilleux graphiques inspirés– n'a pas recours à des énergies, mais à des informations qui n'ont de valeur (qui ne sont donc exaucées) que si elles trouvent grâce aux yeux de l'Univers. C'est pourquoi nous fûmes amenés certes à évoquer la radionique – puisque nous usons toujours de formes – mais à mettre surtout en avant la notion de spiritualité en baptisant notre groupe : Spiritualité et radionique (SPIRAD).

Les actions SPIRAD ne procèdent à nul transfert. Elles ne visent pas à dénaturer ou à transformer le réel. Elles rendent possible la concrétisation d'autres angles d'approche de l'existence si, et seulement si, le Cosmos les accepte. Elles ne peuvent aller à l'encontre du libre-arbitre de quiconque. Et c'est pour cela qu'il y aura TOUJOURS un pourcentage – faible, il est vrai – de cas où même la merkabah ne saura « adoucir » une destinée.

Mais revenons à ce qui fut la démarche qui aboutit finalement à cette « profession de foi ».

Vous le savez, lorsque la lumière entre dans un prisme et qu'elle le traverse, elle se décompose en sept couleurs qui sont celles de l'arc-en-ciel.

De même, en travaillant sur divers volumes, Chaumery et de Belezal ont découvert que certains se conduisaient comme des « prismes à rayons radiesthésiques » décomposant le spectre énergétique. Ils ont le plus souvent donné aux diverses « ondes » ainsi émises des noms de couleur (infrarouge, noir, vert négatif, blanc, ultraviolet, etc.). Leurs travaux ont été poursuivis par d'innombrables chercheurs, notamment l'ingénieur français Frandeau de Marly, dont nous ne saurions trop recommander la lecture des ouvrages passionnants parus aux Éditions Labussière.

Pour notre part, nous avions remarqué que notre Merkabah de prédilection émet spontanément sept « rayons » que nous avons patiemment mis en évidence.

Par contre, mise en présence d'un mot de pouvoir ou d'un objet « chargé », elle n'émet plus qu'un seul de ces « rayons » – que nous avons baptisés « champs émissifs » – à l'exclusion des autres. On peut dire qu'elle focalise toute l'énergie qu'elle reçoit. C'est ce qui la rend tellement efficace.

Certains de ces « champs » sont déjà connus de personnes férues de radionique, d'autres absolument pas.

L'esprit humain fonctionne par analogie. En fonction de ce que nous savions des effets produits par les sept champs émissifs, nous les avions comparés chacun à l'une des trois vertus théologales : foi, espérance et charité ou amour (les vertus théologales ont Dieu pour objet) ou des quatre vertus cardinales : prudence, tempérance, force et justice (les vertus cardinales sont des vertus humaines).

Le champ de l'Amour correspond en radionique au « rayonnement vert négatif » (qui a la réputation d'être le plus bénéfique qui soit) et le champ de l'Espérance à ce que certains chercheurs ont appelé le Champ christique. Les autres, à notre connaissance, sont inédits.

Il nous fallut environ deux années pour identifier sans l'ombre d'un doute les sept champs émissifs précités.

Lorsque sonnèrent les douze coups de minuit du 31 décembre 2000 qui marquaient la fin d'un millénaire et la naissance de celui qui devait lui succéder, c'était chose faite.

Un jeune homme avait rejoint notre groupe dans l'intervalle. André est infographiste de son métier. L'une de ses passions, bien entendu, c'est d'explorer les immenses possibilités offertes par la radiesthésie et la radionique. L'autre, c'est de « bidouiller » des images sur ses ordinateur macintosh dernière génération et hyper équipés. Selon la définition qu'il donne de lui-même, André est « un fou d'image ».

Les radiesthésistes et les radioniciens s'intéressent principalement à des formes géométriques simples, quitte à les combiner entre elles pour obtenir des graphismes complexes. Mettant ses connaissances radioniques au service de son amour des images, André explora un domaine qui, à notre connaissance, avait été peu ou même pas du tout exploré : il a cherché à savoir comment « vibrait » une image figurative : dessins, tableaux, photos, tout lui était bon. Lorsqu'il rejoint notre groupe, André possédait déjà plus de 10 000 illustrations diverses mesurées et archivées.

Informé par nos soins de l'existence des sept champs émissifs, André en contrôla tout d'abord la réalité. Puis il explora sa fantastique base de données d'images. Et il en trouva sept qui présentaient le double avantage de « vibrer » sur la même longueur d'onde que les dits champs d'une part, de représenter symboliquement une idée en accord avec ce que nous savions déjà de ces champs d'autre part.

C'est ainsi que s'établirent les correspondances suivantes :

Le champ que nous avions baptisé Charité/amour fut rendu par l'illustration « le rebis » ;

Le champ Espérance par l'illustration « la pierre vivante » ;

Le champ Foi par l'illustration « cinabre » ;

Le champ Justice par l'illustration « la balance » ;

Le champ Force par l'illustration « lion dompté » ;

Le champ Prudence par l'illustration « l'amoureux de science » ;

Le champ Tempérance par l'illustration « les deux urnes » ;

Ces illustrations et leur symbolisme vous seront exposés plus avant pour ne pas interrompre le rapport de la progression de nos recherches.

Nous avons vu plus avant que nous avions déterminé sept vibrations émissives – ou vibrations « sortantes » ; mais nous ne savions rien des « entrantes ». Pour reprendre l'exemple de la lumière décomposée, nous connaissions les sept couleurs de l'arc-en-ciel, mais nous ne savions rien de la – ou des – « lumières » qui les produisent (autrement dit, nous ne savions rien des « forces » ou des « énergies » – du moins, on croyait encore à ce moment-là qu'il s'agissait de forces ou d'énergies qui étaient ainsi « décomposées », or, vous le verrez par la suite, il n'en est rien). Ce fut une fois de plus André qui nous mit sur la voie de la solution.

Notre ami ne se contentait pas de « mesurer » toutes les images qui lui tombaient sous la main. A l'aide de « filtres » que l'on trouve dans tous les logiciels de traitements d'images, il les triturait jusqu'à ce que, parfois, le résultat ne ressemble plus du tout à l'original. C'est ainsi qu'il put augmenter considérablement sa banque de données d'images et, par voie de conséquence, la palette des vibrations différentes qu'il avait répertoriées.

En janvier 2002, André s'aperçut que certaines de ces illustrations, mises en présence d'une Merkabah, se conduisaient comme un objet chargé ou encore un mot de pouvoir. Qui plus est, ces images vibraient par elles-mêmes sur la même « fréquence » que les lettres de l'alphabet hébreu. Nos avons désigné ces illustrations privilégiées par l'expression génériques « champs inspirés ».

Les champs inspirés, mis en présence d'une Merkabah, renforcent considérablement l'intensité des champs émissifs.

Par ailleurs, nous nous aperçûmes que les lettres de l'alphabet hébreu entretenaient des relations privilégiées avec leurs idéogrammes d'origine d'une part, les éléments, les planètes ou les signes du zodiaque leur correspondant d'autre part.

Par tâtonnements, nous sommes donc arrivés à mettre au point 22 graphismes recto verso dont nous vous donnons une description succincte ci après.

Il est important d'insister sur deux points.

1. Ces graphismes ne sont pas des œuvres d'art. La seule chose qui importe, c'est la façon dont une Merkabah réagit en leur présence.
2. Les descriptions symboliques que nous en donnons ne prétendent pas épuiser le sujet. C'est à chacun de poursuivre ses recherches en faisant ses propres expériences.

Notez-le : il nous a paru intéressant de donner à chacune de ces « cartes » une hauteur qui soit le double de leur largeur pour obtenir un carré long. Ainsi, les vertus propres au nombre d'or s'ajoutent à celles que vous allez découvrir maintenant.

1 – La Tête de bœuf

Le premier graphique actif dont nous traiterons s'intitule « la Tête de Bœuf ».

Au verso de ce graphique se trouve représenté par deux fois le champ émissif qui lui correspond : « les Deux Urnes » (dont le graphisme est suffisamment explicite pour qu'il se passe de commentaire). Il correspond à la vertu cardinale : la tempérance.

« Les Deux Urnes » signent la fluidité de l'existence. Ce graphisme particulier rend compte également du temps qui passe et du flux des forces et des énergies qui s'écoulent d'une « borne » d'un signe donné à une autre borne de signe opposé. Si l'on veut explorer plus avant tout le symbolisme qui se rapporte aux « Deux Urnes », on pourra se reporter à tout ce qui, par ailleurs, se rattache à la 14ème lame du tarot, « la Tempérance ».

« Les deux Urnes » se retrouvent parfois par deux fois selon une symétrie centrale. C'est le cas, en l'occurrence, conformément au principe alchimique qui veut que « ce qui est en haut est à l'image de ce qui est en bas, et ce qui est en bas est à l'image de ce qui est en haut. »

Le « champ inspiré » de ce graphisme se trouve au centre de son « verso ». C'est la Matrice Universelle, celle où se forment en creux toutes les lettres du langage symbolique dont nous avons pour la plupart perdu le sens profond. Cette langue universelle est dite « cabale » (à ne pas confondre avec la kabbale hébraïque !). Elle est hermétique, phonétique et ou visuelle. On l'appelle gaye science, gay sçavoir, langue des oiseaux, langue des Dieux, langue verte, langue celtique, dive bouteille, argot, verlan, langue de cour, langue des diplomates. Cette autre manière de communiquer invite chaque individu à s'évader des codes linguistiques à travers un apprentissage qui ne suit pas une trame logique, mais qui repose sur la méditation et l'habitude progressive de maîtriser les jeux de mots. Elle aide à comprendre ce qui n'a jamais été dit ou écrit, c'est-à-dire l'authentique mystique et l'Art Royal qui ne peuvent s'exposer via le langage courant.

Au verso de ce graphique, l'élément Air est représenté à la fois par son symbole (un triangle équilatéral pointe en haut et barré en son milieu par un segment de droite) et par des tiges qui se courbent sous l'action du vent.

La lettre de l'alphabet hébreu qui signe ce premier graphique est la première lettre mère : aleph. C'est à l'origine un idéogramme qui symbolise une tête de bœuf. C'est l'Unité, la Tempérance, le Sel des alchimistes et le genre humain auquel Dieu avait, selon la Genèse, confié l'administration de la Création. C'est l'Adam Kadmon de la kabbale, l'Homme Éternel, celui qui précède de la Chute, le Régisseur du jardin d'Eden.

Dans ce monde, l'esprit créatif qui préside à ce graphique transforme le négatif en positif comme un flux passe d'une rive à l'autre, ce qui est conforme au champ émissif qui lui correspond (« les Deux Urnes »). On y aura donc recours en ce sens.

Ce graphisme permet également de combattre toute forme de routine, de trouver en soi la foi dans un projet et le courage et l'énergie de le mener à bien, d'établir une relation de confiance fondée sur la vérité, d'acquérir la force de conviction grâce au langage qui permet d'obtenir l'approbation de l'entourage. Il favorise toute forme d'apprentissage (études, etc.). Il fonde des bases solides qui contribueront à favoriser la venue du bonheur.

2 – L'Eau

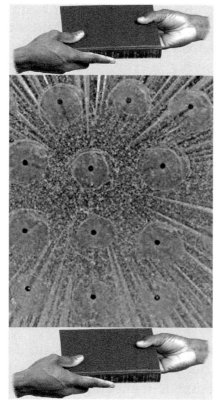

Le second graphique actif dont nous traiterons s'intitule : « l'Eau ».

Au « verso » de ce graphique se trouve représenté par deux fois le champ émissif qui lui correspond « l'Amoureux de Science » (il est représenté par une main qui tend un livre à une autre main, soit une transmission du savoir). « L'Amoureux de Science » correspond à la vertu cardinale connue sous le nom de « prudence ». Il convient en effet de choisir avec circonspection le disciple auquel sera transmis la connaissance et, pour cela, on aura recours aux « épreuves » initiatiques.

« L'Amoureux de Science », lorsqu'il s'exprime dans le monde profane, ne cherche pas à tromper ses lecteurs ou ses auditeurs. Il leur révèle, symboliquement, mais sans tromperie, la vérité concernant le Grand Œuvre. Ensuite, comprenne qui pourra, entende qui le voudra.

« *L'enseignement n'appartient qu'à ceux qui savent* » est une sentence que l'on retrouve fréquemment dans les ouvrages alchimiques. C'est un truisme et pourtant, il est plus que jamais impératif de s'en souvenir de nos jours. En effet, usant de toutes les possibilités mises à disposition par les formes nouvelles de communication et les techniques publicitaires, les maîtres du brouillard, tels ceux qu'Émile Sentier dénonce dans sa préface, entretiennent d'autant plus la confusion qu'ils ne peuvent se targuer d'aucune connaissance. Alors, pour assurer la pérennité de leur chiffre d'affaires et / ou de leur réputation usurpée, ils trompent ceux qui s'adressent à eux en employant des « grands mots » destinés à impressionner le chaland, mais vides de tout contenu en la circonstance.

Dans le roman central de la trilogie divine que l'on doit à l'auteur de « science-fiction » Philip K.Dick – « l'invasion divine » – un enfant inspiré, Emmanuel, interpelle en ces termes un prêtre qui allait de l'un à l'autre distribuer la communion en psalmodiant « le corps du Christ, le sang du Christ » – « *le corps n'est pas là et le sang non plus* ». Sans doute le manque de foi avait-il ôté au prêtre toute capacité de procéder à la transsubstantiation. De ce fait, il n'y avait dans le calice que des morceaux de pain azyme et du mauvais vin.

Il en va de même avec les fraudeurs : les mots qu'ils jettent en pâture (Amour, vie du Cœur, éveil des chakras) ne sauraient dissimuler longtemps leur incompétence qui n'a d'égal que leur avidité.

Le « Champ inspiré » de ce graphisme se trouve au centre de son verso. C'est le Mercure alchimique, unique matière de l'œuvre au demeurant qui, sous forme de mercure animé, renvoie au Taï ki ou Grand Absolu de l'Alchimie chinoise.

Au verso de ce graphique, l'élément Eau est représenté par des gouttes dans un milieu aqueux et son symbole, un

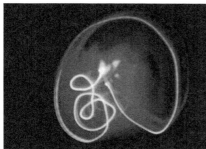

triangle à la pointe dirigé vers le bas.

La lettre de l'alphabet hébreu qui signe ce deuxième graphique est la seconde lettre mère, Mem. C'est à l'origine, un idéogramme qui représente une matrice.

Dans ce monde qui est le nôtre, « l'Eau » symbolise la fécondité, l'amant ou l'amante, l'introspection qui précède toute transformation en profondeur. C'est le ventre de la femme qui donne la vie.

On aura principalement recours à ce graphique lorsque l'on veut atteindre un but, qu'il soit accessible ou considéré à tort comme étant **inaccessible**.

3 – LA DENT

Le troisième graphique actif dont nous traiterons s'intitule « la Dent ».

Au verso de ce graphique se trouve représenté le champ émissif qui lui correspond, le champ de la Pierre vivante. Certains radioniciens ont déjà mis en évidence ce champ et lui font référence sous le nom de « champ christique ». La

vertu théologale qui lui correspond est l'Espérance. La « Pierre vivante », c'est bien entendu la Pierre Philosophale achevée (après qu'elle fut passée par les stades de Pierre des Philosophes et Pierre Philosophique), c'est-à-dire la pierre parfaitement fixée au rouge ou au blanc.

Une partie de l'illustration de la Pierre Philosophale se retrouve au bas du verso de ce troisième graphisme.

Le « Champ inspiré » de ce troisième graphisme se trouve au centre. De même que la Pierre, il symbolise un immense champ d'énergie disponible. Cette dernière servira à fonder tout édifice de vie à la gloire de la connaissance véritable.

Au verso, on trouve l'Elément qui correspond : c'est le Feu divin qui monte de la Terre vers l'En Haut (le Feu correspond au Soufre alchimique) et son symbole, un triangle équilatéral pointe en haut. L'élément Feu est chaleureux et expansif. Ambigu, ambivalent, il est à la fois constructeur (lorsque, par exemple, le verrier façonne des formes à partir de la matière portée à incandescence) et destructeur. Il est Force Vitale et agent de purification radicale.

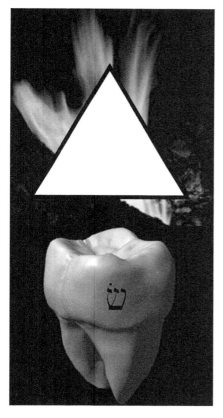

Le feu extérieur contribue à allumer le Feu intérieur qui est en même temps connaissance pénétrante, illumination et destruction de l'enveloppe illusoire : « *J'attise une flamme en moi...mon cœur est l'âtre, la flamme est le sol dompté* » (Upanishads). Le Feu intérieur, dans le tantrisme, est une autre manière de désigner la Kundalini.

Lors de la fête de Beltaines (ou feu de Mai), le 1er mai, les druides allumaient de grands feux entre lesquels ils faisaient passer le bétail pour le préserver des épidémies.

Le feu initiatique est mort et renaissance, il est le moteur de la régénération périodique, la force évolutive ascendante.

« *L'amour est la première hypothèse scientifique pour la reproduction objective du feu et avant d'être le fils du bois, le feu est le fils de l'homme... la méthode du frottement apparaît comme la méthode naturelle. Encore une fois, elle est naturelle parce que l'homme y accède par sa propre nature. En vérité, le feu fut surpris en nous avant d'être arraché au ciel.* » – G. Bachelard.

« *Le feu serait ce dieu vivant et pensant qui, dans les religions aryennes d'Asie, a porté le nom d'Agni, d'Athor et, chez les chré-*

tiens, de Christ. La flamme montant vers le ciel figure l'élan vers la spiritualisation. » – Paul Diel.

Le graphisme originel de la lettre *Shin* – troisième lettre mère de l'alphabet hébreu – est une dent. Le graphisme actuel de la lettre représente en fait trois dents issues de la même mâchoire, symbolisant respectivement la sexualité, la nutrition et la spiritualité. Le trident – emblème de Çiva – transforme le monde en détruisant les apparences comme le fait le feu.

Le Bahir précise que le Shin est la racine de l'Arbre de Vie et qu'il est l'esprit animant toutes les vies.

Dans notre monde factuel, ce graphisme favorise tout périple initiatique et confère l'énergie nécessaire à la concrétisation de tout projet légitime.

Note 1 : les trois lettres mères font référence respectivement aux Eléments Air, Eau et Feu. Les sept lettres doubles, comme vous le constaterez dans ce qui suit, sont en relation symbolique avec les 7 planètes traditionnelles et les douze lettres simples avec les 12 constellations. Il semble donc que dans le système, l'élément Terre n'ait pas sa place.

Ce serait une erreur de penser ainsi. En fait, parce que nous sommes dans le monde concret, l'Elément Terre baigne implicitement chacun de vingt-deux graphismes.

Note 2 : Aleph + shin + Mem = création du Golem. Prenez dans cet ordre les trois graphismes. Disposez sans intention aucune une Merkabah sur les trois graphismes empilés au verso du graphisme Eau durant 15 jours. Même opération, mais sur le recto cette fois-ci, durant les 15 jours qui suivent. Et jugez des résultats obtenus.

Cette manière de procéder ouvre aux chercheurs un champ d'investigation inépuisable. Au lieu que de constituer un mot de pouvoir en l'écrivant en hébreu, remplacez les lettres par les graphiques inspirés agissant qui les portent respectivement. Bien évidemment, dans nombres de mots, certaines lettres se trouvent répétées plusieurs fois. C'est pourquoi je vous recommande de faire plusieurs photocopies de chacun des graphiques et de réunir les « rectos » et les « versos » en les collant sur un carton épais aux bonnes dimensions. Muni(e) d'un dictionnaire d'hébreu, vous disposez ainsi d'une autre façon de créer quasi à volonté vos propres mots de pouvoir.

4 – LA MAISON

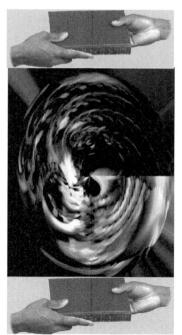

Le quatrième graphique actif dont nous traitons s'intitule : « la Maison ».

Au verso de ce graphisme se trouve représenté par deux fois le champ émissif qui lui correspond « l'amoureux de Science ». En effet, ce graphisme symbolise tout d'abord le pouvoir de révéler, entendez par là révéler ce qui est juste est vrai et non les divulgations frelatées qui sont celles qui caractérisent le « new-age ».

Le « champ inspiré » de ce graphisme se trouve au centre de

son verso. C'est une spirale qui part d'un point central. C'est la Mère, la matrice mercurielle qui reçoit et porte la semence du Soleil en même temps qu'elle est baignée par sa lumière. Cette semence se nomme en alchimie teinture. Elle est liée au Baphomet, l'un des grands mystères de la science des Templiers.

La Lune et son symbole astrologique ornent la partie supérieure du recto de ce quatrième graphique actif. Le symbolisme de la Lune est bien entendu foisonnant. Rythmes biologiques, temps qui passe, connaissance indirecte, fécondité, la Lune éclaire le chemin sur la voie de l'illumination mystique.

Le métal qui correspond à la Lune est l'argent, attaché à la dignité royale (dans les mythes égyptiens, les os des dieux sont faits d'argent). Dans la symbolique chrétienne, l'argent représente la sagesse divine. Dans

nombre de croyances, on le dit purificateur.

Avec ce quatrième graphique nous abordons la première lettre double de l'alphabet hébreu, *Beith*, dont le graphisme était à l'origine une maison. C'est avec cette lettre, selon le livre de la Création, que se crée l'espace où tout va se dérouler par la suite.

C'est donc le premier mouvement qui suit immédiatement la rupture de l'équilibre parfait (c'est l'expansion qui commence juste après le Big-bang, c'est pourquoi la première lettre de la Genèse est un *Beith*). *Beith* est demeure de l'univers, temple céleste et physique, foyer familial.

La maison symbolise également l'être intérieur et ses divers états d'âme qui s'échelonnent de la cave au grenier. A l'intérieur d'elle (le Destin) nous jouissons de la liberté individuelle de choisir à quel « étage » nous nous situerons.

Dans notre monde concret des formes et des forces, ce quatrième graphisme sera plus particulièrement utilisé lorsque l'on est en quête de l'harmonie familiale et de la sagesse. En même temps qu'un traitement médical, on y aura recours pour lutter contre la dépression. Enfin il sera utile pour briser les dépendances malsaines (physiques ou psychiques) et recouvrer alors la liberté.

5 – Le chameau

Le cinquième graphique actif dont nous traitons s'intitule « le chameau ».

Au verso de ce graphique, en haut, vous découvrirez le symbole de son champ émissif baptisé le « rebis ».

Ce terme alchimique signifie : « deux fois cuit ». Il désigne la première multiplication de la Pierre Philosophale, celle qui lui conférera véritablement sa capacité de transmutation. Aussi, représente-t-on le « rebis »

sous la forme d'un homme à deux têtes inscrit dans un œuf.

C'est parce que les Adeptes rendaient compte du « rebis » en pépiant « cuis, cuis, cuis, cuis » que, par euphonie, la langue hermétique s'appelle également « langue des oiseaux ».

Si le personnage de l'illustration est bicéphale (comme Janus), c'est que la voie initiatique est à la fois spirituelle et opérative. Pas de travail en laboratoire possible sans mutation interne, mais aucune avancée spirituelle n'existe si elle ne peut être contrôlée dans le monde des faits. L'initié n'est pas seulement un rêveur, c'est également un homme ou une femme d'action.

Le rebis correspond à la vertu théologale qu'est l'amour indissociable de l'authentique charité.

Le graphisme inspiré que l'on trouve dans le bas du verso de ce cinquième graphique symbolise la croissance infinie qui, à partir d'un point origine, peut s'entendre sans limite selon une spirale logarithmique. C'est ainsi que naît et s'épand l'Enfant Royal qui génère l'œuf cosmique (ou œuf philosophique) dont le germe androgyne polarise et unit les vertus du Ciel et de la Terre.

Ce cinquième graphique se trouve être sous les auspices de la planète Mars représentée au recto ainsi que son signe astrologique. Mars symbolise la volonté, l'ardeur, l'énergie, la tension et l'agressivité. *« C'est la situation première du « struggle for life » tout en gueule, en dents, et en griffes, dans un monde du fait de risques, de chutes et de heurts, de plaies, de défis et de bosses. Elle se prolonge plus tard à travers des compétitions, des rivalités et des hostilités dans lesquelles il faut gagner sa vie, conquérir ses places, défendre ses intérêts, se dépasser en vue de satisfaire ses désirs et ses passions, non sans s'exposer aux dangers. »* – Jean Chevalier et Alain Gheerbrant. Dictionnaire des symboles.

Mars est lié au fer robuste, dur, opiniâtre, dont la rigueur et l'inflexibilité peuvent se révéler excessives. Cependant, le fer a également pour apanage de nobles vertus : il protège des influences mauvaises, préserve les récoltes et confère puissance et efficacité au chaman.

Nous abordons ici la seconde lettre double, *guimel*, dont le graphisme original symbolise un chameau. Le « navire du désert » était dans les pays bibliques un signe de richesse. Par ailleurs, symboliquement, sa bosse sert de réserve aidant à traverser le désert de l'existence.

L'infinitude du développement de l'univers est le guimel et la création perpétuelle à laquelle il préside. C'est également la raison présidant à la génération incessante des idées et le moule du Verbe.

Dans notre monde factuel, on aura recours à cet arcane quand on veut s'élever et croître. Il aide à remettre à leur place les personnes arrogantes. Il est porteur de chance. Il mobilise les énergies de plusieurs personnes en vue de la concrétisation d'un projet commun.

6 – L'ouverture de la porte

Le sixième graphique dont nous traitons s'intitule : « l'ouverture de la porte »

Au verso de ce graphique se trouve représenté en haut le champ émissif qui lui correspond : « le champ du cinabre ».

Hermès cite le cinabre en qualité de « *materia prima* » du Grand Œuvre Alchimique.

Ce champ est celui de l'Esprit Saint ; la vertu théologale qui l'inspire est la foi (Pistis).

L'Esprit Saint est surtout connu à travers les Évangiles. Il est dans le christianisme Esprit de Dieu, seconde personne de la Tri Unité, force agissante qui incite les prophètes à agir. Les chrétiens le représentent le plus souvent sous la forme d'une colombe ou de langues de feu. Il est censé avoir investi les apôtres réunis le jour de la Pentecôte et leur avoir conféré à cette occasion le don des langues.

Cependant, l'Esprit Saint est également présent dans l'Ancien Testament. Il est alors « *rûah* », substantif féminin qui signifie le souffle et le vent (ce qui est, à peu de chose près, le sens du mot grec « *pneumo* » et du mot latin « *spiritus* »).

Selon la Kabbale, la Rouah se situe dans la partie gauche du cœur et elle est le siège des émotions, des désirs et des passions. Elle devient de plus en plus subtile au fur et à mesure que l'Adepte progresse sur la Voie. La Rouah est le canal qui permet à l'être humain de se placer au-dessus des forces de la Création, conformément à ce qui est dit en Genèse 1 :2 : « *La Terre était tohou et Bohou : il y avait les ténèbres à la surface de l'abîme et la Rouah d'Elohim se mouvait au-dessus des eaux.* »

Saint Jean dit que l'Esprit Saint est « Paraclet », ce qui littéralement signifie « consolateur » ou « avocat ». Ainsi, dans le cours de notre existence, il panserait nos plaies et, lors du jugement post mortem, défendrait notre cause.

« *Je vous ai dit ces choses tandis que je demeurais auprès de vous*, dit Jésus à ses apôtres. *Le Paraclet, l'Esprit Saint que le Père enverra en mon nom vous enseignera toutes choses et vous fera souvenir de tout ce que je vous ai dit.* »

Selon Corinthiens 12 :8-10, Ephésien 4 :11-12 et Romains 12 :6-8, l'Esprit Saint est en mesure de conférer treize « dons » à l'être humain (treize et non sept comme il est dit dans nombre de catéchisme de l'Eglise Catholique) : les paroles de sagesse, les paroles de connaissance, le pastorat, le ministère d'évangéliste, le don de commandement, l'apostolat, la foi, le don des guérisons, le don des miracles, la prophétie, le discernement des esprits, la diversité des langues, l'interprétation des langues.

Il y a par ailleurs sept « fruits » de l'Esprit Saint : « *l'amour, la joie, la paix, la longanimité, la bienveillance, la bonté, la fidélité, la douceur, la tempérance* ». Epitre de saint Paul aux Galates (5 :22-23).

« *Dieu fait homme n'a pas fait une brillante carrière. Sa vie a été humainement un échec. Il est mort ignominieusement condamné, « brocardé », abandonné… Il assumait… C'est de ces racines profondes qu'à surgi l'Eglise. Mais c'est l'Esprit Saint qui l'a fait naître à la Pentecôte.* » René Laurentin – « L'Esprit Saint cet inconnu »

Les musulmans identifient l'Esprit Saint à l'Ange Gabriel apportant la parole divine. On constate par ailleurs que le Saint Esprit est proche de l'esprit d'éveil dont la réalisation, dans le bouddhisme, conduit à l'absence d'ego.

Le « champ inspiré » illustré au bas du verso de ce sixième graphique représente la foi, c'est-à-dire au sens premier (et profane) du terme, la confiance.

La foi chez Platon et Aristote n'a en effet aucune connotation religieuse. Pour Platon, elle est l'un des modes de connaissance du réel (République, Livre VI) ; pour Aristote, elle est force de conviction et socle des croyances communes qui induisent la réflexion.

Avoir ou ne pas avoir la foi, telle est la question. Et d'abord, de quelle foi parle-t-on ? De celle du charbonnier, qui fait bien l'affaire des religions, mais qui porte en son sein l'obscurantisme, le fanatisme et l'intégrisme ? De la foi

« intellectuelle » qui est l'aboutissement d'un raisonnement dont le modèle pourrait être le pari pascalien ?

La foi est mise à rude épreuve lorsque l'on considère la souffrance individuelle ou collective (pourquoi Dieu a-t-il autorisé la Shoah ?)

Qu'elle soit panthéiste, déiste ou même « scientiste », voire politique, la foi est préalable à tout examen scientifique, ce qui en fait le danger. Mais elle est également une réponse à la question ontologique fondamentale « pourquoi y a-t-il quelque chose plutôt que rien ? » et dans la mesure où cette réponse ne prétend pas s'imposer à l'ensemble de l'humanité, elle est aussi valide qu'une autre.

Autant dire qu'en fin de compte, la foi appartient à la sphère du privé, même s'il est légitime que des personnes partageant sensiblement la même aspirent à se réunir (églises, partis politiques, etc.).

Les preuves ontologiques de l'existence ou de la non existence de Dieu ayant toutes échoué, la foi demeure donc un sentiment, un choix personnel, intransmissible et inaliénable.

Au recto de ce sixième graphique, nous trouvons une représentation de la planète qui lui correspond ainsi que de son signe astrologique : le Soleil.

En alchimie, le soleil désigne l'or métallique que l'on trouve dans les mines. Associé avec la Lune, c'est le soufre.

Dans nombre de traditions, le Soleil est soit un dieu, soit une manifestation de la divinité. Source de lumière, de chaleur et de vie, ses rayons figurent les influences spirituelles reçues par la terre. Le rayonnement du Soleil est ce qui vivifie, manifeste (en rendant visible) et mesure. Le Soleil, intelligence cosmique, rayonne la connaissance

intellective. Héliopolis, la cité du Soleil, était un centre spirituel primordial.

Apollon, dieu solaire, est initiateur, tout comme l'est Vishnu. Quant au Christ, il est à la fois *Sol Justitiae* (Soleil de justice) et *Sol invictus* (Soleil invincible).

La lettre de l'alphabet hébreu qui est en correspondance avec ce sixième graphisme est *Daleth*. C'est, originellement, une porte qui ouvre sur la création et, de ce fait, le travail intelligent et constructif de la nature. Elle autorise toute action individuelle légitime dans le même temps qu'elle invite à prendre possession de soi-même.

Ce sixième graphique est à recommander lorsque l'on veut lutter contre la tristesse, l'affliction et la peine, se soulager du poids des soucis, combattre l'anxiété excessive, acquérir une éloquence créatrice, protéger les moissons et tout ce qui, réellement ou métaphoriquement, se multiplie et prolifère avant d'être récolté.

7 – La paume de la main

Le septième graphique agissant dont nous traiterons s'intitule « La Paume de la Main ».

Le champ émissif qui lui correspond est celui du Lion Dompté, qui symbolise une force et une royauté canalisées pour servir une cause. Son graphisme est explicite. La vertu cardinale qui lui correspond est bien entendu la force.

Le « champ inspiré » représente la capacité qu'ont les élus d'assimiler les forces divines sans être ébranlés pour autant.

La planète Vénus et son signe astrologique signent le septième graphisme.

Les Mayas et les Aztèques construisirent leur calendrier en se basant sur le cycle vénusien, cette planète tenant une place très importante dans leur cosmogonie : Vénus, c'est Quetzalcóatl, le Dieu Serpent à Plumes ressuscité à l'Est après qu'il mourut à l'Ouest.

Mort et renaissance, tel sera de ce fait le cycle perpétuel attribué à Vénus.

Cette bergère céleste montre la route aux étoiles. Dans la littérature religieuse, on la désigne quelquefois par l'appel-

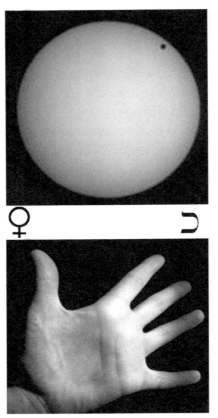

lation de « lion furieux » ou « lionne des dieux du ciel ». Mais sa force brute est canalisée par le champ émissif qui se trouve au verso de ce graphisme.

Cette déesse de l'amour aime la jouissance et la joie.

« Dès les âges primitifs, Vénus était l'étoile des douces confidences ; la première des beautés célestes inspirant les amoureux de l'impression directe que le suave rayonnement de l'astre produit sur l'âme contemplative... Son règne est celui de la tendresse et des caresses, du désir amoureux et de la fusion sensuelle, de l'admiration heureuse, de la douceur, de la bonté, du plaisir autant que de la bonté. Il est celui de cette paix du cœur qu'on appelle le bonheur... » – « *Dictionnaire des symboles.* »

Alchimiquement, Vénus est liée au cuivre, principe vital, parole fécondante, sperme qui s'entoure autour de la matrice.

Le septième graphique agissant est en rapport avec la quatrième lettre double de l'alphabet hébreux, *Kaph*, laquelle symbolise la force divine que l'on reçoit, contient et canalise. *Kaph* est le moule des formes physiques, assimilation, la main qui reçoit et redonne, l'intelligence qui dompte la matière si, et si seulement, cette intelligence, mue par la force morale, respecte cette matière et ne la détruit pas. Dompter les forces de la nature suppose une complicité avec cette dernière. A défaut, on risque de déclencher « les feux de l'enfer ».

Est manifeste ce qui peut-être tendu ou saisi par la main (comme la connaissance s'exprime dans le livre que tend « l'Amoureux de Science »). La main gauche de Dieu est justice, sa droite miséricorde. La main de Bouddha n'est pas fermée, ce qui signifie que contrairement aux ésotéristes, elle ne dissimule aucun point de la doctrine. La main est également le support de tout langage des signes.

« Être saisi par la main de Dieu, c'est recevoir la manifestation de son esprit. Quand la main de Dieu touche l'homme, celui-ci reçoit en lui la force divine ; ainsi la main de Yahvé touche la bouche de Jérémie avant de l'envoyer prêcher... Dans l'Ancien Testament, quand il est fait allusion à la main de Dieu, le symbole signifie Dieu dans la totalité de sa puissance et de son efficacité. » – « Dictionnaire des symboles ».

Enfin l'imposition des mains est un transfert d'énergie et de puissance.

Dans notre monde, on utilisera ce graphique pour « avoir du poids » et recevoir des honneurs. On lui demandera également d'être solide comme un rocher et d'avoir la force intérieure qui supporte les mots. C'est le socle, le piédestal sur lequel on va ériger son royaume matériel ou spirituel. C'est le trône de la royauté.

8 – La Bouche

Le huitième graphique inspiré dont nous traiterons s'intitule « la Bouche ».

Le champ émissif qui lui correspond est celui du Lion Dompté.

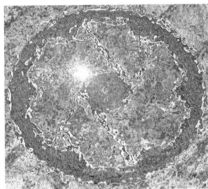

Le champ inspiré qui lui est rattaché symbolise l'union des contraires (c'est l'équivalent du Taï Ki chinois). C'est également l'énergie qui entre en rotation – à un certain stade de l'initiation – dans un centre énergétique corporel situé sous le nombril ; les chinois ont baptisé Dan Tiam (champ du cinabre). L'église gallicane a donné à cette technique mystique le nom d'ampholoscopie. Le rayonnement énergétique et la rotation de ce champ sont directement proportionnels au comportement « vertueux » de l'Adepte. La forme spiralée du jeu de l'oie est une allusion à peine voilée de ce champ.

On sait que la formule VITRIOL peut se lire « l'OR Y VIT ». Mais un autre anagramme est « VIR LOI » (le « t » étant éliminé) soit la Loi de rotation (ou Danse cosmique) décrite par Hermès.

Ce huitième graphique est associé à la planète Mercure (et à son symbole) ainsi qu'au métal du même nom.

« *En alchimie, le mercure est le principe passif, féminin et volatil de tous les métaux, y compris le mercure lui-même. C'est le support de l'énergie universelle, son contenant... Dans la mythologie, Mercure est le message ailé des Dieux... C'est pourquoi le principe mercure est aussi appelé voyageur et pèlerin. En alchimie, il en est de même, car il ne demeure pas avec les corps qu'il a purgés grâce au soufre principe qu'il transporte et diffuse. En ce sens, le mercure est l'unique matière de l'œuvre.* » – Léon Gineste – « L'alchimie expliquée par son langage ».

Le dieu Mercure se nomme aussi Hermès. Doté d'une intelligence industrieuse, ses sandales ailées caractérisent sa puissance d'élévation. Ce protecteur des voleurs est certes un « roublard », mais c'est également l'inventeur de la lyre et de la flûte dont il fit don à Apollon. En échange, ce dernier le gratifia de la connaissance de la magie ainsi que d'un caducée d'or. Si on le voit souvent porter un agneau sur ses épaules, c'est qu'il est une divinité agraire protectrice des bergers. Il est aussi, en sa qualité de messager assurant la transmission des nouvelles entre le Ciel et la Terre et ses profondeurs, un accompagnateur d'âmes qui guide ces dernières dans le séjour des morts, un Bon Pasteur, médiateur entre la divinité et les hommes, honoré aux carrefours. Lorsqu'il est trismégiste et qu'il s'identifie à Thot, Hermès est à la fois hermétique et herméneute, celui qui voile et qui dévoile.

Le huitième graphique est également associé à la lettre *Phé* dans l'alphabet hébreu. Elle symbolise la bouche, laquelle permet à l'homme d'exprimer ses pensées. *Phé*, ce sont également les forces divines naturelles, la matière première.

Dans le monde concret, ce graphique permet de lutter contre la crainte et la précipitation. Il enseigne à donner du temps au temps. Il permet de déjouer les peines, de détendre les atmosphères électriques et de mener à bien des conciliations. Il confère l'inspiration et la clairvoyance, mais « dégrise » celles et ceux qui se laissent prendre aux pièges des mirages.

9 – Le crâne

Ce neuvième graphique a pour intitulé : « le crâne ».

Le champ émissif qui correspondant à ce neuvième graphisme est « le Lion Dompté », car une de ses vertus, c'est de conférer l'invulnérabilité psychique qui résulte de la maîtrise des émotions.

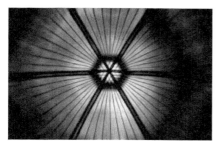

Le champ inspiré qui lui correspond évoque la Paix et la Sécurité qui sont d'autres caractéristiques de cet arcane. Personnellement, il suffit que je regarde cette illustration un certain temps pour me sentir calme et détendu.

La planète qui correspond à ce neuvième graphisme actif est Saturne (le métal alchimique signifié par cette planète étant le plomb).

A Rome, Saturne était un héros civilisateur qui enseigna en particulier l'agriculture aux hommes. C'était également un dieu qui rappelait aux Romains la relativité des rapports sociaux puisque, durant les saturnales, les serviteurs commandaient aux maîtres qui servaient à table leurs esclaves.

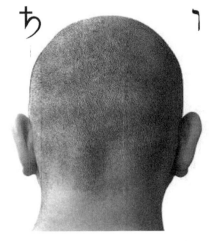

Le Saturne romain est assez différent de son équivalent grec, Cronos, lequel commit le parricide pour mettre fin à la première génération des Dieux (et, pour ne pas subir le même sort, il dévorait ses enfants à la naissance, mais un stratagème de sa sœur et épouse Rhéa permit à Zeus d'échapper à ce sort funeste et de réduire son père à merci).

Ce père qui avale sa progéniture, c'est non seulement le temps qui passe, mais également le désir insatiable qui caractérise la vie.

En alchimie, Saturne symbolise la couleur noire de la matière dissoute et putréfiée.

La lettre de l'alphabet hébreu qui correspond à ce graphisme actif est *Reish*, dont la forme originelle est un crâne. *Reish* est le mouvement, le renouvellement par destruction, puis la génération nouvelle, l'élévation continuelle du feu astral en spirale ascendante.

Dans le monde concret, ce graphisme peut être utilisé pour combattre l'agitation qui naît de la manifestation de certaines émotions, pour tenir en respect et à distance certaines formes d'adversité, pour lutter contre l'orgueil, se désaltérer spirituellement, percer des secrets et des mystères, augmenter sa capacité de compassion, s'accommoder du temps qui passe tel un fleuve, augmenter la puissance de concentration, s'élever socialement ou spirituellement, combattre l'avidité.

10 – LA CROIX

Le dixième graphique s'intitule « La croix ».

Le champ émissif qui lui correspond est « le champ des deux urnes ». En effet, l'une des propriétés de cette représentation, c'est qu'elle symbolise la perfection du créé. Or cette perfection n'est pas statique, mais tout au contraire vie, donc flux incessant, ce flux que, justement, évoquent les deux urnes.

Le champ inspiré associé à cet arcane est figuratif. Il s'agit d'une croix.

Il y aurait tant à dire sur la croix – ou plutôt les croix – que cela justifierait un livre à soi tout seul. On sait que ce symbole est antérieur au christianisme puisqu'on signale, en Chine et en Crète, par exemple, des croix remontant à la plus haute antiquité.

« *La croix est le troisième des quatre symboles fondamentaux avec le centre, le cercle, le carré. Elle établit une relation entre les trois autres : par l'intersection de ses deux droites, qui coïncide avec le centre, elle ouvre celui-ci vers l'extérieur ; elle s'inscrit dans le cercle qu'elle divise en quatre segments : elle engendre le carré et le triangle quand ses extrémités sont reliées par quatre droites. La symbolique la plus complexe dérive de ces simples observateurs : elles ont donné naissance au langage le plus riche et le plus universel. Comme le carré, la croix symbolise la Terre, mais elle en exprime des aspects intermédiaires, dynamiques et subtils...La croix est le plus totalisant des symboles.* » − « Dictionnaire des symboles ».

La croix oriente dans l'espace qu'elle mesure. En elle se joignent le ciel et la Terre, le temps et l'espace. Elle est le cordon ombilical jamais tranché du cosmos relié au centre originel. Terre et ciel, haut et bas communiquent par son intermédiaire.

La divinité associée est Jupiter (le Zeus des Grecs). Alchimiquement, le métal qui lui est associé est l'étain.

Zeus, organisateur du monde, symbolise le règne de l'esprit qui fait régner sur le monde des lois physiques, sociales et morales.

Tau est la lettre de l'alphabet hébreu qui est en relation avec ce graphique. Tau, vingt-deuxième et dernière lettre de l'alphabet hébreu, représente l'aboutissement de la création, donc la totalité des choses créées. *Tau* est en fait la croix en X (qui, pour les catholiques, est celle de la parousie). Fin d'un cycle et retour à l'Absolu des parcelles

de l'unité divine divisée, *Tau* exprime la beauté de l'harmonie universelle.

Concrètement, ce graphisme contribue à déterminer l'objet réel de tout désir, de toute motivation. Il favorise les réunions par affinité. Il permet d'apaiser les querelles. C'est la marque par excellence des forces divines protectrices. Pour quiconque veut tendre à l'intégrité éthique et à la perfection, il sera d'un grand secours. Il aide à dissiper les apparences trompeuses.

11 – La fenêtre ouverte

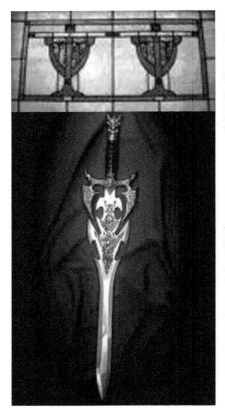

Ce onzième graphique agissant – intitulé « la fenêtre ouverte » – parce qu'il exprime (entre autres) la vibration fluidique du magnétisme universel, est lié au « champ des deux urnes ».

Le « champ inspiré qui lui correspond représente clairement une épée. Ce n'est pas ici un symbole guerrier, mais un attribut de la chevalerie et, partant, un significateur de la grandeur d'âme.

Avec ce onzième graphisme débute la mise en relation avec les douze constellations, lesquelles correspondent une à une aux lettres simples de l'alphabet hébreu. En l'occurrence, il s'agit de la constellation du Bélier qui symbolise la puissance animale et animante, le Feu créateur et destructeur, le jaillissement de la vitalité première.

Cinquième lettre de l'alphabet hébreu, Hé est une fenêtre ouverte à travers laquelle communiquent les cinq principes, c'est-à-dire les quatre Eléments et l'Ether, le cinquième qui les subsume.

ה

Hé, c'est la parole créatrice, l'intelligence qui nuance et remet en question pour aller toujours vers plus de précision. C'est également la sagesse de la voie universelle qui gouverne le cosmos, le savoir transcendant qui règne avec sagesse le progrès.

Ce graphique sera utile pour pallier tout déficit de volonté. Il permet d'obtenir le consentement à une idée ou un projet pourvu qu'il (elle) soit juste et dans l'intérêt de toutes les parties concernées. Il peut également, si besoin est, conférer le don d'élocution, apporter l'aide de la logique lors d'une réflexion, favoriser la diffusion d'une doctrine authentiquement spirituelle, donner le courage de formuler un aveu difficile. Lorsque l'abstinence s'impose, mais qu'elle se révèle difficile à vivre, ce graphique permet de surmonter les obstacles (par exemple, lors du sevrage d'une addiction).

12 – Le crochet

Le douzième graphique agissant s'intitule « le crochet ».

Parce que, notamment, il symbolise l'équilibre, le champ émissif correspondant au « crochet » est celui de la Balance, que nous rencontrons ici pour la première fois. La balance illustre la justice, vertu cardinale.

On sait que la balance est symbole de Justice, de mesure, de prudence, qu'elle est traditionnellement associée à la pesée des âmes. Mais par delà ces attributs purement humains, la balance figure également l'équilibre des forces naturelles, le destin ultime de toutes choses, qui est d'être unies à leurs complémentaires.

En alchimie, c'est l'un des instruments du laboratoire les plus importants puisqu'elle sert à déterminer les proportions pondérales des substances qui concourent à la réalisation du magistère.

Quoi, mieux que la clé de voûte d'une cathédrale, pouvait évoquer les forces de cohésion qui permettent à l'univers d'exister tel qu'il est ? Ce sera donc elle qui représentera le champ inspiré de ce graphisme.

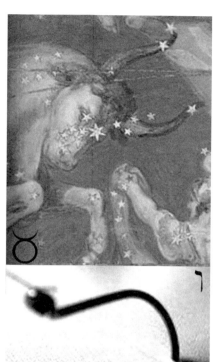

La constellation zodiacale qui régit « le crochet » est « le Taureau », second signe du zodiaque, symbole d'une grande puissance de travail, de l'instinct de conservation, de la sensualité et du goût des plaisirs. C'est une masse porteuse de vie qui ne cesse de chanter la gloire de Vénus.

Pourquoi un crochet ? C'est que c'est là le pictogramme d'origine de la lettre *vav*, sixième lettre de l'alphabet hébreu, qui a fonction de conjonction de coordination. Signe d'équilibre, *vav* représente l'initiation par l'épreuve et par la distinction entre le bien et le mal. C'est en *vav* que se rencontrent la destinée et le libre-arbitre, que se calcule à chaque instant ce que sera le présent qui concrétisera l'un des possibles prévus par le destin.

Dans ce monde, ce graphique permet d'acquérir des certitudes à propos de sujets fort débattus, de soulager des tensions émotionnelles douloureuses, de maintenir la cohésion dans un groupe, de favoriser de bonnes perspectives financières et de tirer les leçons du passé pour ne plus les répéter dans le présent ou à l'avenir.

13 – LA FLÈCHE

Le treizième graphique s'intitule « la Flèche ».

Le champ émissif qui lui correspond est « le Lion Dompté ». La « Flèche » en effet, symbolise entre autres le guerrier au sens noble du terme, c'est-à-dire une personne qui a su dominer sa violence personnelle pour exprimer une force qui doit bien plus à l'esprit qu'au physique. Ce « guerrier » est en fait un praticien des arts martiaux.

Le champ inspiré en relation avec ce graphisme « ouvre ce qui est fermé ». On pense, bien sûr, à « l'ouverture » d'un esprit obtus. Cependant, comment ne pas également évoquer les « éclateurs » radioniques mis au point G. Kakhovsky qui adapta des expériences d'abord menées par Herz (des auteurs, cependant, affirment que l'emploi des éclateurs remontent à la plus haute antiquité).

Qu'est-ce qu'un « éclateur » ? C'est à l'origine un dispositif électrique utilisé pour limiter les surtensions et réaliser des montages pouvant produire des courts-circuits ultra rapides.

En radionique, un éclateur sert à amplifier et à diversifier une émission captée en un point épicentre. Une pile, un diapason, un chandelier à 7 branches, et le célèbre collier de Lakhowsky sont des éclateurs. Le problème, c'est que le choix de l'éclateur idoine va dépendre de quatre facteurs : sa matière, sa fonction, son orientation et sa taille, ce qui le rend parfois très compliqué, voire aléatoire. L'avantage de ce graphique est d'être un « éclateur universel ».

Le graphisme intitulé « la flèche » est lié symboliquement aux Gémeaux. Ces derniers représentent les rapports humains, les transports, les communications, toute polarité, et d'abord la polarité sexuelle. Ce signe est celui de l'être humain distancié, à la fois acteur et spectateur de ses actes.

La lettre de l'alphabet hébreu qui correspond est *zayin*, l'arme, qui symbolise la puissance du discernement et le pouvoir du libre-arbitre. *Zayin*, c'est également la lignée qui, de votre ascendance à vous-même, puis à votre descendance, représente un lien intime participant à un but, lequel n'est autre que le développement constructif de la création.

Dans notre monde, ce graphique contribue à créer de l'effervescence (en vue d'une fête, par exemple). Il aide à préserver, identifier (et notamment les scélérats), unir, faire rayonner, prouver l'innocence, agir avec méthode, jouir de son corps, extérioriser ce qui a du mal à s'exprimer, surmonter les aspects fâcheux de la vieillesse.

14 – LA HAIE (OU LA CLÔTURE)

Le champ émissif correspondant au quatorzième graphique – la haie – est le champ de la Pierre vivante, car, à l'image de la Pierre Philosophale devenue élixir, ce graphique révèle à l'usage un formidable pouvoir régénérateur.

Son champ inspiré symbolise à la fois le réservoir de la vie élémentaire, l'inconscient collectif, la vitalité, la puissance et la grâce que confère le pouvoir de transformer ce qui est vil en ce qui est pur, l'ardeur dont on doit faire preuve pour parvenir à un accomplissement harmonieux.

Ce champ tisse la trame des existences et crée de façon permanente.

La haie est liée au signe du Cancer. C'est l'époque de l'année où le soleil change de sens, où les jours commencent à se faire moins longs, et alors débute un retour vers l'intériorité. C'est l'archétype maternel mis en évidence par Jung, tout ce qui contient, protège et réchauffe ce qui est petit. C'est le grand refuge de l'humanité que représente le mythe de la Grande Mère. C'est, enfin, le passage du zénith au nadir ou encore le lien qui unit le formel et l'informel.

La lettre *heith* vouée à ce graphisme représente à l'origine un enclos. A l'intérieur, les forces en présence devront apprendre à cohabiter, à défaut, elles se détruiront. La double nature du *heith* renvoie donc soit à la purification générant l'harmonie, soit au péché qui la détruit.

Dans ce monde, ce graphique aide à récompenser les efforts accomplis en voie de l'obtention d'un résultat juste. Il favorise celles et ceux qui étudient les mystères de la création et de la gestation. Il apporte la joie. Il confère la perspicacité, voire la subtilité. C'est également un graphisme auquel on aura recours si on veut avoir des visions justes de l'avenir. La « haie » vivifie, ce graphisme est donc recommandé pour accompagner une convalescence.

La haie est également d'un grand secours quand on sollicite une aide ou quand on veut faire reconnaître la légalité d'une action entreprise.

15 – LA BOUE PROTECTRICE

Le quinzième graphique agissant se nomme la boue protectrice. Parce qu'il tend à conférer la protection lorsqu'une personne est injustement accusée, calomniée ou maltraitée, le champ émissif qui lui correspond est « La Balance ».

Le champ inspiré qui lui correspond est l'ouroboros, c'est-à-dire le serpent qui se mord la queue. C'est le plus ancien symbole pictural des alchimistes. Sa signification profonde est que l'Un est Tout. L'Ouroboros rend compte également d'une vérité profonde : celui qui apprend progresse, celui qui progresse désire apprendre.

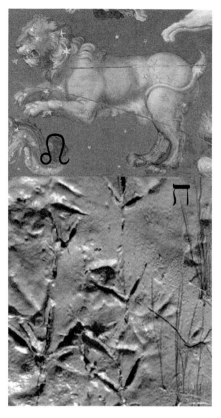

Le Lion est la constellation zodiacale qui préside aux destinées de ce graphique. Il signe l'épanouissement de la nature. L'élément Feu, dans le Bélier, était une puissance animale qui jaillissait instantanément. Avec le Lion, il devient maîtrisé ; ce n'est plus l'éclair de Zeus, mais le feu prométhéen encagé et disponible.

La lettre de l'alphabet hébreu qui correspond à cette représentation, c'est *Teilh*. Certains voient dans son idéogramme un serpent (cf. l'ouroboros), d'autre un bouclier (cf. la fonction protectrice du graphisme). Il s'agit vraiment d'une lettre à part qui se fait remarquer par son absence des dix commandements et des noms des dix séphiroth. Mais l'écriture développée de la lettre signifie « la boue » et nous avons retenu cette dernière appellation, car elle rend compte à la fois d'un changement d'état et de l'enveloppe protectrice permettant la mutation de peau.

Concrètement, ce graphique s'utilise quand on veut invoquer la prudence qui doit inspirer tous les actes d'un homme raisonnable afin que règne en lui l'harmonie, seule garante que sa quête de la source suprême sera menée à bien. Il permet de plus de balayer les scories du passé, les souvenirs traumatisants et paralysants. Il est le support sur lequel on s'appuiera quand on souhaite conserver une parfaite intégrité.

16 – La main

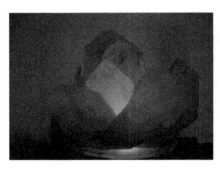

Le seizième graphique agissant se nomme « la main ».

L'une de ses vertus étant de régénérer spirituellement, le champ émissif qui lui correspond est le champ de la Pierre Vivante.

Le champ inspiré qui lui est attaché est la renaissance spirituelle.

Comme une image fractale, cette dernière part toujours d'un point central sur laquelle elle se base ; ce centre d'où elle émane résulte de nos précédentes incarnations, c'est le « présent karmique ». De là, cette spirale emplit l'espace de la conscience en se déployant suivant une amplitude logarithmique.

Il revient à la constellation de la Vierge industrieuse de moissonner les fruits de toute œuvre humaine. Le cycle végétal s'achève sur une terre redevenue vierge avant que de nouveaux labours la rendent apte à accueillir de

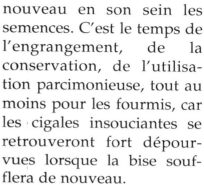

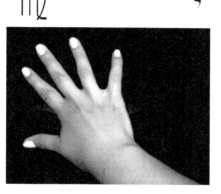

nouveau en son sein les semences. C'est le temps de l'engrangement, de la conservation, de l'utilisation parcimonieuse, tout au moins pour les fourmis, car les cigales insouciantes se retrouveront fort dépourvues lorsque la bise soufflera de nouveau.

Yod, dixième lettre de l'alphabet hébreu, est celle qui s'accorde à ce graphique. Cette lettre, « la main », symbolise par sa valeur numérale (10) le fait que le monde a été créé au moyen de dix paroles. Son graphisme est surprenant : c'est, et de loin, la plus petites des lettres de l'alphabet. A contrario, c'est sans doute celle qui recèle le plus de puissance. Il y a une leçon à retenir de tout cela : le plus petit des germes est capable de créer le plus grand des univers. De même, une intention, aussi modeste soit-elle en apparence, peut générer d'immenses bienfaits si elle s'appuie sur une générosité sincère. Noyau spirituel de l'individualité, roue de l'éternité, yod renferme une puissance créatrice indéniable. Il appartient à l'être d'en faire ce qui lui convient en fonction de son libre-arbitre.

Dans ce monde concret, ce graphique favorise toute conception et toute initiative en vue de concrétiser une entreprise soigneusement pensée et évaluée. Il facilite le jaillissement de ce que l'on porte en soi. Les idéaux qu'il inspire sont nobles. Pour les personnes indisciplinées, et qui en souffrent, il les aide à se montrer obéissantes.

17 – L'AIGUILLON

Le 17ème graphique se nomme l'aiguillon.

Parce qu'il préside, entre autres choses, à la copulation, le champ qui lui correspond est le champ du rebis.

Le champ inspiré qui lui est rattaché traduit symboliquement et graphiquement le don de soi. On ne saurait confondre cette vertu avec un goût morbide pour le sacrifice. Il ne peut y avoir don de soi qu'à la condition que l'être ait soi-même trouvé sa place dans ce monde et sa juste dimension spirituelle. C'est pourquoi le Christ recommandait d'aimer les autres **comme soi-même**. Sans amour de soi, il

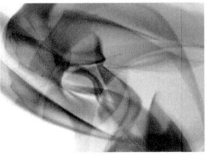

ne peut y avoir d'amour d'autrui.

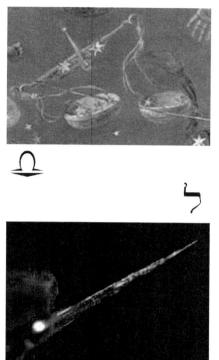

Le signe zodiacal de la Balance pose le Moi à valeur égale avec l'autre et initie un dialogue affectif entre l'alter et l'ego. C'est le signe des Fêtes Galantes que préside Vénus Aphrodite ; Elle reflète sa beauté dans les roses d'automne.

Lamed est la lettre de l'alphabet hébreu qui est en relation avec ce graphique. Elle est « aiguillon » qui pique le bétail et le fait ainsi avancer. C'est dire que *Lamed* enseigne, instruit et guide. *Lamed* est le siège de la puissance intellectuelle qui se déploie pour conceptualiser et réunir en genres ce qui semble apparemment disparate. C'est l'esprit qui a prise sur la matière, mais qui la transcende.

Concrètement, ce graphique est à retenir lorsqu'il s'agit de lutter contre la fatigue. Il donne de l'audace aux timorés. Il aide à la résolution des litiges nés d'une confusion des esprits. Il soutient la foi lorsqu'elle est vacillante. Il confère la passion qui permet de convaincre. « L'aiguillon » est également à recommander à celles et ceux qui, ayant entrepris un travail de régression, cherchent à prendre connaissance de leurs vies antérieures pour comprendre leur incarnation présente. Les personnes qui étudient, et notamment celles qui cherchent à travers les livres et autres documents à solutionner des mystères profonds, seront avisées d'y avoir recours. Considérations plus terre à terre, « l'aiguillon » fait taire les railleries lorsqu'on en souffre et est de bon conseil (par inspiration) en ce qui concerne les achats, immobiliers notamment.

18 – Le poisson

Le dix-huitième graphique a pour nom le poisson.

Parce qu'il symbolise entre autres le caractère transitoire de toutes choses, le champ émissif qui lui correspond, c'est les « deux urnes ».

Le champ inspiré rattaché, c'est la mort. Vous remarquerez que c'est l'un des rares dont la représentation soit à ce pont réaliste. C'est qu'en effet, la mort est une réalité extrêmement prégnante puisque commune à tout ce qui existe. A des échelles de temps diverses, tout naît, vit et meurt (seule, l'énergie se conserve en quantité dans l'univers, mais elle se dégrade qualitativement). La mort est également la seconde des grandes questions philosophiques (la première étant « pourquoi y a-t-il de l'être plutôt que rien ? ») que l'on peut formuler ainsi : pourquoi tout ce qui existe a une fin ? Vécue par certains comme une issue sans retour, elle est considérée par nombre de traditions comme un passage, une étape initiatique inéluctable. La mort est le symbole par excellence du caractère éphémère des multiples états de l'être.

Le signe du Scorpion renforce cette impression de transition d'un monde vers un autre. Les arbres se dépouillent de leurs feuilles, la végétation sonne le glas, c'est le retour au chaos avant que la graine enfouie dans la terre ne germe pour produire une nouvelle incarnation de la plante dont elle est issue. A ce moment-là se joue le drame de l'être, l'angoisse de vivre atteint son point culminant, et la tentation « diabolique » a tendance à supplanter l'appel du divin.

Noun, « le poisson », c'est l'énergie du cerveau qui se déverse dans le corps. « *Le noun t'enseigne que le cerveau constitue l'essentiel de la colonne vertébrale et que c'est d'elle qu'il tire constamment sa substance. Sans la colonne vertébrale, le cerveau n'au-*

rait pas pu subsister, car le corps entier ne fonctionne que pour le cerveau. » (Bahir).

Noun, c'est la vie universelle qui s'écoule en empruntant diverses individualités. On peut lui appliquer la sentence du présocratique Héraclite : « *On ne se baigne jamais deux fois dans le même fleuve, et pourtant c'est le même fleuve.* »

Concrètement, ce graphique favorise tout ce qui consiste à « faire du neuf avec du vieux ». Il permet également d'endiguer le flot des émotions.

19 – LE POTEAU

Le dix-neuvième graphique a pour nom « le poteau ».

Parce qu'il symbolise l'union mystique des sexes (il correspond au yin yang des orientaux), le champ émissif qui lui correspond est le champ du rebis.

Le champ inspiré en correspondance avec ce graphique est l'organe sexuel masculin, le pénis (ou lingam chez les orientaux). Symbole de la puissance génératrice, le phallus est, dans la mystique juive, comparé au juste qui se tient tel une

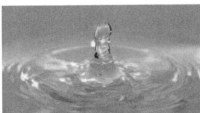

colonne, lien d'équilibre dressé entre le Ciel et la Terre. Les cultes phalliques remontent à la préhistoire, comme en témoignent de nombreux rassemblements de pierres dressées en des points précis de la planète, là où l'énergie « virile » est en surabondance.

Le signe du Sagittaire symbolise, dans les Upanishads, une connaissance qui libère du cycle karmique des renaissances successives. Cependant, dans cette période où les travaux agraires sont réduits à leur plus simple expression, l'instinct nomade et chasseur de l'être humain reprend le dessus. Et le soir, autour des feux de camps, les forces spirituelles se décantent, l'esprit s'illumine, il se sublime et rêve aux étoiles. Un élan panthéiste induit le désir de s'intégrer à la vie universelle.

Samek est la lettre de l'alphabet hébreu qui correspond à ce graphique. C'est l'appui, le soutien de toute structure, le chemin tout tracé par une tradition éprouvée. C'est la prédestination qui s'oppose au libre-arbitre, le mouvement circulaire qui se tend et siffle comme le fait la corde d'un arc. C'est l'ensemble des forces de la nature avec lesquelles l'homme doit composer, mais c'est également le sifflement du serpent de la Genèse.

Concrètement, ce graphique aide à se libérer des entraves de la peur – lorsqu'elle conduit à se barricader dans un isolement stérile – ainsi que l'enfermement dans le cercle des passions, des pulsions égoïstes et des tentations malsaines. On y aura recours pour accompagner tout acte de purification physique ou morale. Il facilite l'accroissement des facultés humaines et psychiques. Il permet de se faire une idée claire de la cible que l'on doit atteindre, du but que l'on s'est fixé. On y aura également recours lorsque l'on veut briser une routine imposée par les autres, et notamment par le cercle familial. Il est l'une des représentations qui favorisent grandement l'intuition (au sens de « faire jaillir l'idée qui fait défaut »).

20 - L'ŒIL

Le vingtième graphique a pour nom l'œil.

Parce qu'il symbolise « les forts tempéraments » qui savent cependant se couler dans le moule d'une volonté spirituelle supérieure, le champ émissif qui lui correspond est bien entendu le « Lion dompté ».

La représentation du champ inspiré de ce vingtième graphique, c'est une source, c'est-à-dire l'eau vive et pure qui jaillit de la terre, première manifestation de la matière cosmique concentrée. Elle va féconder les sols et permettre la diversité et la croissance des espèces. Origine la vie, la source est en fait à l'origine de tout, du génie, de la puissance et de la grâce. Lorsqu'elle s'écoule depuis le marais de la mémoire, elle est connaissance pure.

Le Capricorne, c'est la porte des dieux. En apparence, la nature semble morte. En fait, elle est plongée dans la plénitude spirituelle. C'est l'heure zéro à laquelle débute de nouveau l'œuvre de germination. C'est dans le dépouillement et le silence que se prépare la lente montée des forces enfouies au sein de l'être.

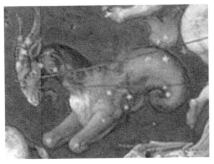
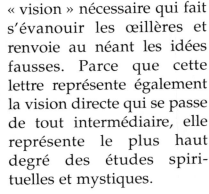

Ayin, « l'œil », confère la « vision » nécessaire qui fait s'évanouir les œillères et renvoie au néant les idées fausses. Parce que cette lettre représente également la vision directe qui se passe de tout intermédiaire, elle représente le plus haut degré des études spirituelles et mystiques.

Concrètement, ce graphique sera d'une grande utilité à celles et ceux qui désirent « brûler du feu sacré ». Par ailleurs, il favorise les amours. Les projets qui ont besoin de temps pour s'accomplir – et, de ce fait, qui nécessitent que le but poursuivi ne soit pas oublié en cours de route – trouveront dans ce graphique un puissant allié. Il permet également de discerner les évidences qui trop souvent nous échappent. Il confère la puissance matérielle et la force émotionnelle de s'exprimer avec fermeté. Il donne également le courage de reconstruire sur les décombres pour faire encore mieux (en tous les cas plus solide). Il aide à prendre de la hauteur. C'est un graphique à recommander à celles et à ceux qui oeuvrent dans les sphères sociales et politiques puisqu'il contribue à créer un lien qui unit les individus. Enfin, il assure la survie et la cohésion des égrégores.

21 - LA JAVELINE

Le 21ème graphique a pour nom « la Javeline ».

L'une de ses correspondances symboliques est celle du but que l'on atteint inéluctablement lorsque l'on s'identifie au parcours (dans le zen, cela correspond à l'art du tir à l'arc). Et ce n'est possible que lorsque l'être devient fluide. C'est pourquoi le champ émissif qui lui correspond est « les deux urnes ».

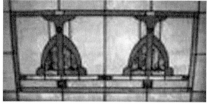

Le graphisme du champ inspiré qui lui est rattaché traduit non pas le désir tendu vers son accomplissement, mais l'ensemble des attentes et des espérances qui plient la toile de l'existence en mêlant les couleurs du cœur et de l'esprit, le blanc de la pureté et le sang de la vie.

Le signe zodiacal représentatif de « la Javeline » est le Verseau. Il évoque la fraternité qui se traduit concrètement par la solidarité et le détachement de la matière. L'eau à laquelle fait référence ce signe est plus destinée à apaiser la soif de l'âme que celle du corps.

Tsade est une lance, un harpon ou bien encore une javeline. C'est l'action à distance qu'exerce l'esprit sur toute

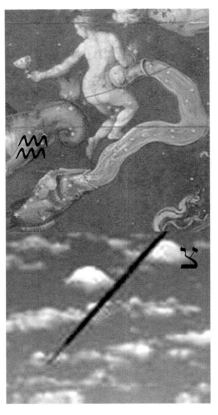

activité. C'est le lieu où l'idéal, qui nourrit tous les espoirs, se réfugie. C'est le mouvement qui mène à un but clairement défini.

Ce graphique aidera grandement à se libérer des illusions des sens et de l'enlisement de l'esprit dans la matière. On l'utilise quand on souhaite purifier ce qui a été gravement souillé. On y a également recours quand on veut établir un ensemble de règles qui permettront par la suite de canaliser tout débordement lors d'une action en cours. « La javeline » autorise à se maintenir fermement et contre vents et marées à la place que l'on s'est fixée. Lorsque l'on ne peut affronter un obstacle de front, ce graphique affine les stratégies qui permettront de le contourner ou de le subvertir « par la bande ». On y a également recours lorsque l'on souhaite faire baisser, voire disparaître les tensions qui empêchaient la formulation d'une opinion. « La javeline » aide à rendre clair et limpide ce qui était troublé et tortueux. Elle contribue à lutter contre l'avidité préjudiciable.

22 – Le chas de l'aiguille

Le vingt-deuxième et dernier graphisme s'intitule le chas de l'aiguille.

Entre autres, il symbolise le pouvoir de discernement entre le bien et le mal qui est l'apanage du Juste. Ce pouvoir s'incarne dans le fléau « la Balance » qui est le champ émissif de cet ultime graphique.

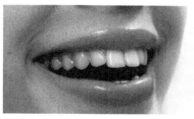

Le champ inspiré de ce vingt-deuxième graphique conclut la série sur un éclat de rire. C'est finalement ainsi que s'achève l'expression créatrice du Verbe, et ainsi de même que l'être humain, parvenu au terme de son parcours, exprime son contentement en considérant que « cela fut juste et bon. »

Le signe zodiacal qui correspond à ce graphique, ce sont les Poissons. Ils symbolisent le psychisme et la porte qui s'ouvre sur la communication avec la transcendance.

Qof, « le chas d'une aiguille », invite au discernement et à l'élagage du superflu (l'autre sens de cette lettre, c'est « la hache »), puis à la réunification des forces en présence pour

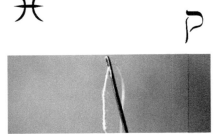

mieux franchir « la porte étroite » qui, bien souvent, inaugure tout cheminement spirituel. *Qof* appelle au secours la véritable Lumière pour détruire les illusions. Qu'elle unisse ou désunisse, cette lettre le fait toujours pour différencier le réel de l'illusoire. En *Qof* se trouvent la vérité, essence réelle de toute harmonie, et l'illumination libératrice.

Concrètement, ce graphique permet de « vomir ce qui restait sur l'estomac » afin de se sentir libre. C'est donc à lui, par exemple, que l'on fera appel si l'on veut réduire à néant toute forme de ressentiment. « Le chas d'une aiguille » est le graphique par excellence d'une discipline particulière, la kabbale. Quand on n'a pas une vision claire des tenants et des aboutissants d'une situation, « le chas de l'aiguille » aidera grandement à trouver le pivot, l'axe autour duquel tout tourne et s'organise. Il est d'un grand secours pour celles et ceux qui hésitent entre plusieurs lignes de conduite en leur donnant l'intuition de la meilleure. Enfin, lorsque l'on se sent écrasé par le poids de lourdes responsabilités ou d'un « sérieux excessif », ce graphique aidera à retrouver plus de légèreté.

Comment utiliser ces graphiques ?
De plusieurs manières

Il ne vous a pas échappé que chaque commentaire se terminait par un paragraphe dont le début est « dans ce monde » ou une formule similaire.

Prenons pour exemple le premier graphique intitulé « la tête de bœuf ». En lisant ce paragraphe, vous pouvez noter que l'usage de la « tête de bœuf » est recommandé
- pour transformer le négatif en positif ;
- pour combattre la routine ;
- pour avoir foi dans un projet et le mener à bien ;
- pour établir une relation de confiance fondée sur la vérité ;
- pour acquérir, par le langage, la force de conviction qui emporte l'adhésion de l'entourage ;
- pour favoriser les études et toute forme d'apprentissage ;
- pour fonder un bonheur sur des bases solides.

Supposons que l'une de ces propositions retienne votre attention. Par exemple, vous apprenez à conduire en vue d'obtenir votre permis. Qu'allez-vous faire ? Vous allez charger le graphisme en laissant dessus une Merkabah **durant environ huit jours**. Et vous le porterez sur vous le jour de l'examen.

Ces graphismes sont tous porteurs d'une information exprimée à la fois par la lettre, sa représentation scripturale et graphique, sa correspondance élémentaire, planétaire ou zodiacale et enfin le « champ inspiré ». L'impact dans notre monde en fonction d'un but à atteindre, c'est le champ émissif qui en est porteur. **La Merkabah « charge » le graphique et permet de ce fait à l'information de prendre forme, à une idée, un désir, de se concrétiser.**

Ce que nous venons d'exposer, c'est une utilisation « triviale » de chacun de ces graphiques, **à la portée de toutes et de tous.**

Maintenant, nous sommes persuadés que les découvertes sur la Merkabah et nos 22 graphiques **ne font que commencer.** D'autres chercheurs, n'en doutons pas, vont se passionner, comme nous, pour ces recherches qui semblent apporter chaque jour leur lot de satisfactions et n'avoir jamais de fin.

Nous avons déjà indiqué une piste en recommandant la création de « mots » à partir de ces graphiques.

Nous pensons également que d'autres utilisations sont possibles. Par exemple, il semblerait que « charger ensemble », au moyen d'une Merkabah, les sept graphiques liés aux sept planètes contribue à pallier les manques d'une personne et à équilibrer ses potentiels.

Sincèrement, nous sommes impatients de savoir ce que l'avenir réserve maintenant que nos recherches sont mises sur la place publique et que, de ce fait, d'autres chercheurs vont s'en emparer et leur conférer des développements dont, bien entendu, nous n'avons pas idée.

En conclusion de cet ouvrage, nous allons revenir sur les raisons pour lesquelles votre Merkabah ne peut créer nul dommage (et donc, contrairement à certains schémas ou montages radioniques, vous pouvez l'utiliser « les yeux fermés »).

Mais auparavant, nous vous invitons à lire attentivement le chapitre suivant, **car nous avons réservé le meilleur pour la fin.**

Chapitre VI

Devenez une Merkaba

« L'Esprit ne nous parle pas, mais il parle à travers nous. »
– Philip K. Dick – *Siva*.

Il est nécessaire que vous « élargissiez votre entendement ». Ça veut dire quoi exactement ? Cela veut dire tout d'abord qu'il est nécessaire que vous preniez conscience de ce que vous êtes RÉELLEMENT (ou plutôt, parce que vous ne l'êtes pas encore – mais cela va vite venir, croyez-moi – ce que vous êtes appelé à devenir, si vous faites comme je vous l'indique.) Vous n'êtes pas seulement monsieur Dupont ou madame Durand qui a tel âge, qui habite à telle adresse, qui fait tel travail, etc. Non, toutes ces caractéristiques définissent votre identité sociale, elles sont certes rattachées à votre personne, mais ce n'est pas ce que vous êtes appelé à devenir vraiment.

Ce que vous êtes appelé(e) à devenir, ce n'est pas non plus tout ce qui semble se rattacher à votre histoire terrestre, vos réussites, vos joies, vos peines, etc. Ça aussi, ça compte, ce n'est pas moi qui vais vous dire le contraire, je ne suis pas un désincarné, j'aime la vie, comme vous, et je la croque à pleines dents autant qu'il m'est possible. Mais c'est insuffisant. Il y a autre chose de bien plus grand, immense même, et c'est absolument magnifique non seulement lorsque l'on en prend conscience, mais surtout qu'on l'expérimente.

Vous êtes POTENTIELLEMENT une MERKABA. Et vous pouvez DEVENIR UNE MERKABA. Et cette fois-ci, vous l'avez remarqué, le mot ne se termine pas par un « h ».

C'est votre mission sur cette terre (c'est d'ailleurs le « plan » que Dieu a conçu pour tout être humain, mais bien peu le savent et encore moins nombreux sont ceux qui font ce qu'il faut pour s'y conformer).

La Merkaba, c'est comme la divine Kundalini, ça dort d'abord comme la Belle au bois dormant et ça n'attend qu'une seule et unique chose : qu'un Prince Charmant lui donne un baiser qui l'éveillera ; après, elle lui donnera de beaux enfants.

Ce baiser, vous allez le lui donner !

Devenir une Merkaba, c'est une merveilleuse expérience à laquelle je vous convie.

Mais que signifie donc le mot « Merkaba » ?

Ne cherchez pas dans le dictionnaire, vous ne le trouverez pas.

C'est en fait l'équivalent d'une expression bien plus simple dont vous avez sans doute déjà entendu parler : le Corps de Gloire. Alors pourquoi écrire « Merkaba » et pas « Corps de gloire », tout simplement ?

C'est que « Corps de Gloire » signifie maintenant tellement de choses qu'on ne sait plus très bien à quoi cela se réfère exactement. Les Chrétiens en ont leur interprétation,

152

les bouddhistes une autre, les Indiens d'Amérique une troisième, les kabbalistes une quatrième, etc. Bien entendu ils parlent de la même chose, mais ils n'ont pas pu s'empêcher de la peindre aux couleurs de leurs convictions, si bien que cela la dénature. On ne la reconnaît plus et, finalement, on s'y perd.

Or, ce qu'il y a de bien avec le mot Merkaba, c'est que **tout est dans le mot**. Pas besoin de chercher midi à quatorze heures, si on sait l'analyser correctement, on comprend tout de suite ce que cela veut dire. Voilà pourquoi j'emploie tout d'abord « Merkaba » de préférence à « Corps de Gloire ». Mais quand l'analyse de « Merkaba – qui va suivre – vous aura totalement ouvert les yeux sur ce dont il s'agit réellement, alors, je laisserai tomber « Merkaba » et je dirai « Corps de Gloire », ce sera plus simple.

Merkaba est un mot qui vient de l'Égypte ancienne, celle du temps des Pharaons. En fait, c'est une contraction de trois mots en un seul : MER – KA – BA. Si ces trois-là sont accolés pour finalement produire Merkaba, c'est que la Merkaba en fait la synthèse, elle les assemble harmonieusement. Mais avant de voir ce que sera le produit de cette fusion, examinons ce qu'est chaque élément pris séparément.

Au cours de mon analyse, je vais prendre le mot MER-KA-BA à l'envers, pour aller du plus dense au plus élevé.

BA, c'est le réel, le concret, ce que nous voyons (ou croyons voir, car sous chaque chose, il y a toujours une dimension supérieure et on ne connaît vraiment bien cette chose que lorsque l'on peut en appréhender à la fois son apparence ET son essence). Rapporté à l'être humain, BA, c'est le corps de tout individu, tout simplement.

KA, c'est tout ce qui est de nature « intellectuelle », mais pas au sens péjoratif du terme. KA, c'est, diraient les philosophes, la possibilité de « conceptualiser » ; c'est ce que Platon appelait « le monde des Idées ».

On pense que le siège du KA chez l'être humain, c'est le cerveau, mais on n'a pas encore jamais pu le prouver tout simplement parce que le KA, c'est l'esprit, et personne n'a jamais réellement vu l'esprit en œuvre, pas même avec un scanner.

L'esprit n'est pas à confondre avec l'âme (que certains appellent aussi l'Esprit, mais en y mettant une majuscule pour bien faire la différence), l'esprit, c'est « une machine à produire des concepts », en passant de la pluralité des idées ou des situations à une formulation unique qui rend compte de toutes. Un esprit qui tourne rond est bien utile, il permet d'élaborer des raisonnements, d'enchaîner des idées pour aboutir à des conclusions abstraites dans un premier temps, mais qui trouveront une application concrète dans un second. Le domaine de connaissances qui utilise au maximum l'esprit – donc le KA – ce sont les mathématiques. On passe de théorèmes démontrés en théorèmes démontrés et on gravit progressivement les marches d'un escalier qui peut mener loin. Mais cependant, aucun palier n'est jamais coupé de la réalité. Par exemple, quand on dit que la surface d'un rectangle est le produit de sa longueur par sa largeur, c'est toujours bon à savoir. Parce que, si vous êtes paysan et si vous avez plusieurs champs rectangulaires, seulement deux mesures seront nécessaires à chaque fois pour en connaître les superficies.

MER enfin, cela fait référence à ce qu'il y a de plus sublime, à ce que certains appellent « la Transcendance ». MER, selon les Égyptiens, c'est non pas un, mais **deux champs de Lumière divine**. Ils occupent le même espace, mais ils tournent à l'envers l'un de l'autre. C'est comme cela que dieu « crée », car ce double mouvement énergétique, l'un dans le sens des aiguilles d'une montre, l'autre dans le sens contraire, produit tout ce qui existe.

Puisque Dieu nous a fait « à son image », dit-on, MER est aussi, à l'état latent, en capacité chez chacun de nous. De ce fait, nous sommes tous des créateurs potentiels, mais pas au sens où l'on entend habituellement ce terme : avoir des enfants, créer des œuvres d'art, etc. **CRÉER vraiment, c'est « réaliser Dieu »**. C'est le but de la quête de tous les yogis. Certains y parviennent au prix de techniques respiratoires qui réclament des années et des années d'ascèse. Trop long et trop compliqué, à la limite impossible pour un occidental, à moins qu'il ne laisse tout tomber et parte définitivement se cloîtrer dans un Ashram (s'il en trouve un qui veuille bien lui ouvrir ses portes et l'accepter en son sein).

Maintenant que vous avez compris ce que sont, pris séparément, MER, KA et BA, voyons ce que cela signifie quand on les réunit en un seul mot : MERKABA.

Pour que vous saisissiez vraiment bien, je vais emprunter un détour. Non pas pour faire durer le suspense, mais pour vous faire passer par une route qui, je le sais, vous est familière. L'important, c'est d'arriver à Rome où, dit-on, mènent tous les chemins.

Vous connaissez les quatre Éléments, l'Eau, la Terre, l'Air et le Feu. Si je mets des majuscules, c'est pour les différencier des réalités concrètes auxquelles ils sont bien entendu rattachés, mais qu'ils subliment cependant.

Prenons l'exemple de l'Élément Eau : ce n'est pas seulement l'eau que l'on boit, celle qui coule dans le lit des rivières, celle qui tombe en pluie. L'Eau, c'est le genre qui englobe toutes les eaux possibles et imaginables passées, présentes et à venir. Finalement, on peut comparer cela avec le mot Homme quand on l'écrit avec une majuscule. On ne se réfère pas alors à tel individu précis, mais au genre humain en général.

Le genre est toujours à la fois plus simple, plus épuré, mais aussi plus riche d'enseignements que les diverses réalités qu'il chapeaute. Untel est d'un sexe déterminé, a telle apparence physique, est grand ou petit, beau ou moche etc. L'Homme, lui, quoique le côté macho de notre civilisation semble l'avoir doté d'un sexe masculin, exprime tous les hommes et toutes les femmes sans distinction de sexe, d'âge, de race ou de religion. L'Homme, c'est l'Humanité. Et comme le genre est intemporel, ce n'est pas uniquement tous les êtres humains qui vivent, à l'heure où j'écris, sur cette planète. L'Homme, c'est ce qui caractérise au mieux tous les hommes et toutes les femmes depuis qu'il y en eut sur terre et tant qu'il y en aura.

Eh bien, l'Élément Eau, c'est pareil. Si vous « épluchez » ce mot, vous verrez que c'est comme peler un oignon : vous trouverez diverses couches qui présentent des ressemblances et des différences. Ressemblances : l'eau est fluide, elle coule, elle s'adapte à la forme de son contenant, elle gèle à basse température et bout et s'évapore à haute température, etc. Différences : elle peut être plate ou gazeuse, plus ou moins salée, limpide ou trouble, etc. L'Eau, c'est l'oignon, les diverses eaux, ce sont les couches qui le constituent. L'Eau, c'est à la fois les caractéristiques communes à toutes les eaux et aussi toutes les différences qui les distinguent réunies dans un même mot avec, en prime, l'ensemble des significations et des vertus symboliques que divers peuples lui ont prêtées, continuent et continueront de lui prêter.

Il y a donc quatre Éléments (Eau, Terre, Air, Feu), mais tous les initiés savent qu'il en existe également un cinquième que l'on appelle l'Éther ou la Quinte-Essence : l'essence des quatre qui s'unissent pour en produire un cinquième (quinte). L'Éther n'a pas de correspondant dans le monde physique, il est « éthérique », justement. Cela ne veut pas dire pour autant qu'il n'existe pas, cela signifie tout simplement qu'il n'est pas perceptible. Ce qui n'empêche pas l'Éther d'avoir une forme, car tout a une forme (même Dieu, aussi étonnant que cela puisse paraître). Mais les apparences que prend tout ce qui est « éthérique » sont si subtiles que notre vue, qui est un sens physique bien limité, comme tous les autres – d'autant plus s'il n'est pas inspiré par l'Esprit – ne les perçoit pas. Cependant, ceux qui sont dotés de clairvoyance – comme ce sera bientôt votre cas – « voient » les formes éthériques non avec les yeux du corps, mais avec ceux du cœur et de « l'âme ».

Notez bien ce que je vais maintenat vous dire, car c'est très important pour la suite : **la Merkaba, elle aussi, est dotée d'une forme subtile et cette dernière est représentée par l'objet Merkabah. La Merkabah que vous détenez est la forme qui concrétise le concept spirituel Merkaba.**

Les quatre Éléments sont chacun un « genre », l'Éther est le « genre suprême » puisqu'il représente à lui seul tout ce que sont les quatre Éléments. Pour « produire » l'Éther, tous les quatre ont fusionné. À ce moment-là, l'Eau n'a pas éteint le Feu, bien au contraire. Tandis qu'il la réchauffait, elle le rafraîchissait. L'Air n'a pas asséché la Terre, il l'a fertilisée. Et tout cela a donné un bel enfant, un Élément lui aussi, mais doté de toutes les qualités de ses quatre parents, plus certaines qui lui sont propres. **L'Éther, c'est bien plus que de l'Élément à la puissance quatre** !

Pour « nommer » l'Éther, on aurait tout aussi bien pu inventer un mot composé des dénominations des quatre Éléments. Mais en français, cela aurait été trop long et à la limite du prononçable puisque cela aurait donné EAUTERREAIRFEU. Pourtant, c'est comme cela que les Égyptiens de l'époque pharaonique ont agi. **Ils ont pris les trois mots MER, KA et BA et ils les ont mis dans le même chaudron. Faites bouillir et vous obtenez la Merkaba.** Ce qui signifie que, dans leur esprit, la Merkaba est à ces trois mots ce que l'Éther est aux quatre Éléments : **le corps (BA) se met au service de l'Esprit (KA), tous deux agissant sous l'impulsion de la parcelle divine qui est en nous (MER) pour créer MERKABA, autrement dit pour nous « remplir de divin de la tête aux pieds », pour nous éveiller totalement.**

C'est cela, réaliser la MERKABA – ou, comme je n'ai plus maintenant besoin d'avoir recours à ce terme, le « Corps de Gloire ».

C'est ce que tous les plus grands Maîtres de tous les temps ont appelé « l'Éveil » de ce qui est et demeure immortel en nous.

Cet « éveil » de votre Corps de Gloire est une authentique et sublime voie initiatique.

Le Corps de Gloire est constitué de dix centres d'énergie qu'il va donc falloir « éveiller ».

Au fur et à mesure que vous éveillerez votre Corps de Gloire, vous pourrez le constater vous-même, votre corps physique se modifiera. C'est normal puisque tout est lié, puisqu'il n'y a pas de barrière (sauf celles que l'on dresse soi-même) entre le corps, l'esprit et l'âme. Nous aussi, nous sommes une « Tri Unité » (du moins, nous sommes appelés à le devenir).

Lorsque nous réalisons le Corps de Gloire, nous absorbons beaucoup plus de Lumière divine jusqu'à s'identifier à elle – à chaque instant, sans avoir rien à faire, il n'est pas même besoin d'y penser. Et cette Lumière est certes spirituelle, mais aussi bien réelle (même si elle est invisible, mais notre vue ne perçoit que certaines vibrations lumineuses, pas toutes, cela n'empêche absolument pas celles qu'on ne voit pas d'être bien réelles et même d'avoir des incidences sur nous).

La nature « spirituelle » de la Lumière divine va embraser votre âme tandis que sa nature physique va « nourrir » votre corps et donc le « réorganiser » de façon beaucoup plus harmonieuse.

Pour réaliser votre Corps de Gloire, vous passerez par **douze étapes successives.** Il ne peut pas en être autrement.

Comment se fait-il qu'il y ait dix centres en ce qui concerne le Corps de Gloire, mais douze étapes ?

La première est une « mise en bouche », **une purification préalable.**

La dernière est **une confirmation.**

Chacune des dix autres ouvre un centre.

Je peux parfaitement vous décrire ce que vous ressentirez au cours de ces douze étapes car, mis à part quelques réactions physiques qui diffèrent d'un individu à l'autre, le résultat est le même pour tout le monde. Là encore, c'est on ne peut plus normal puisque nous appartenons tous au même genre humain.

La première étape, je vous le rappelle, est celle de la **préparation / purification spécifiques à l'éveil du Corps de Gloire.**
Vous ressentirez que votre corps physique devient chaque jour de moins en moins « dense ». Je ne veux pas dire par là que vous allez vous envoler comme si vous étiez en apesanteur ou gonflé(e) à l'hélium ni que vous ferez sans prendre d'élan des bonds de géants, pas du tout. C'est plutôt une sensation. **Vous vous sentirez mieux dans votre corps**, tout simplement, **moins en conflit avec lui.** Et rien que cela, c'est très agréable.

D'autant plus que cela s'accompagne d'un sentiment de liberté qui va croissant et qui est vraiment exaltant. C'est votre inconscient qui vous le procure. Il s'aperçoit que vous avez « mis en branle la machine », et il vous fait un petit signe de remerciements en vous envoyant des bouffées de liberté.

Dans votre corps – vous ne vous en apercevrez pas, mais c'est tout de même ainsi que cela se passe – des transformations vont également s'opérer ! Dans le cerveau tout d'abord. Vous le savez, il est divisé en deux hémisphères, le droit et le gauche. Chacun a une fonction particulière. Le droit est le siège de l'inspiration, de l'intuition et des grandes émotions. Le gauche, celui de la raison, de l'intellect. Ils sont nécessaires tous deux, à défaut, vous pensez bien que l'évolution aurait supprimé celui qui ne sert à rien. Le problème, c'est qu'il y en a un qui est parfois trop développé, qui se montre tyrannique vis-à-vis de l'autre et l'empêche plus ou moins de s'exprimer.

Si c'est le cerveau gauche qui se comporte comme un tyran, cela donne des individus que l'on qualifie d'hyper rationnels. Ils sont peut être capables de résoudre très facilement des problèmes abstraits – des problèmes de mathématiques, par exemple – beaucoup plus vite et beaucoup mieux que les autres mais, en revanche, ils ont le cœur sec, ils se montrent volontiers intransigeants, bornés, ils goûtent peu la musique, la poésie, tout cela leur semble « inutile ». Leurs rêves sont pauvres et leur aspiration principale, c'est de « mettre de l'ordre partout ».

Si c'est le cerveau droit qui l'emporte excessivement, cela ne vaut guère mieux. Certes, une personne qui se trouve être dans ce cas de figure écoute ses intuitions, ce qui lui procure de nombreuses bonnes fortunes. Elle a un cœur « gros comme ça », tout ce qui est beau l'attire, elle en jouit et cela lui est très agréable. Mais il y a le revers de la médaille. Souvent, submergée par ses émotions qui sont insuffisamment filtrées par le cerveau gauche, elle a un peu tendance à « battre la campagne ». Il est difficile de lui faire confiance, car elle manque de suite dans les idées, elle « papillonne ». Et puis, autant pour l'autre, il fallait que tout soit tiré au cordeau et rangé au carré, autant, en ce qui la concerne, c'est carrément le bazar (quand vous voyez une maison qui ressemble à un capharnaüm, vous pouvez être sûr qu'il y a du cerveau droit excessif là-dessous).

Vous avez bien compris que l'idéal, bien sûr, ce serait de réconcilier le cerveau droit et le cerveau gauche. Cela donnerait une personne non pas « réalisée », mais déjà parfaitement « équilibrée », à la fois sensée et ouverte, juste et compatissante.

Cette réconciliation totale des deux cerveaux va se produire, comme vous le verrez, au cours d'une étape de la réalisation de votre Corps de Gloire. Mais elle va commencer dès la première et s'amplifier au cours des suivantes, progressivement, jusqu'à son terme.

Ce n'est pas un changement vraiment physique, c'est plutôt de l'ordre de la personnalité.

Des changements physiques bien réels, il va s'en produire. Insensiblement, mais sûrement, la taille de vos glandes pinéale (siège du troisième œil) et pituitaire iront s'accroissant. La structure de votre ADN changera de telle sorte qu'elle puisse reconnaître les codes utilisés par la Lumière pour mieux « l'absorber ».

La Lumière dont il est ici question n'est pas la Lumière divine, forme la plus élevée de toute Lumière, mais l'un de ses avatars. Son foyer, c'est le centre de la terre (avec un petit « t », c'est-à-dire la planète bleue). C'est l'avatar lumineux le moins élevé, mais elle fait déjà du bon travail.

Il n'y a qu'un petit problème durant cette première étape c'est que, même si vous vous sentez mieux dans votre tête et dans votre corps, ce dernier ne vous en joue pas moins des tours. Cela peut se traduire par des rhumes, des diarrhées, des éruptions cutanées, des nausées. C'est normal, c'est la preuve que cela fonctionne. Je vous l'ai dit, c'est une phase de purification, donc votre corps se purifie aussi. Il va alors rejeter toutes les toxines qui l'embourbent. Et il faut bien que cela sorte par quelque part. Certaines personnes qui me lisent et qui ont pratiqué un régime purificateur – par exemple une cure de riz complet – savent bien que c'est ainsi que cela se passe !

Vous abordez maintenant **la deuxième étape.**

Votre corps éthérique est inondé de Lumière en provenance de l'élément Terre et le poids de votre dette karmique vous pèse moins. Vos corps émotionnel, mental et spirituel commencent à s'éveiller. Des rotations d'énergie se produisent alors dans leurs structures géométriques. Vous ressentez peut-être un peu de fatigue, mais ça passera vite.

Sur le plan physique, les changements accomplis lors de la première étape s'accroissent.

A l'issue de cette seconde étape, le premier centre énergétique de votre Corps de Gloire est éveillé.

La troisième étape commence et vous allez alors vous apercevoir de façon tangible qu'il se passe vraiment quelque chose.

En effet, vos cinq sens physiques deviennent plus aiguisés (vous avez l'odorat plus fin, la nourriture a plus de goût, etc.). C'est que vos corps éthériques absorbent la lumière de l'Élément Eau et pas seulement pour leur profit propre. Ils commencent à la retransmettre vers différents « centres » physiques, et notamment ceux où siègent les cinq sens.

Nos différents corps absorbent en effet la Lumière pour leur propre transformation, mais ils la diffusent également

Physiquement, les changements accomplis lors des deux précédentes étapes s'accroissent.

A l'issue de cette troisième étape, le deuxième centre énergétique de votre Corps de Gloire est éveillé.

Vient **la quatrième étape.** L'unification de vos deux cerveaux progresse à pas de géants. Les diverses énergies qui parcourent habituellement votre corps, sous l'impulsion de la Lumière en provenance de l'Élément Eau, commencent à procéder à des échanges chimiques et électromagnétiques. Votre vue et votre ouïe coopèrent mieux. Vous ressentez l'envie de vous « lâcher » un peu, de vivre à fond vos désirs. Vous commencez à avoir des « éclairs » de télépathie et de clairvoyance et à ressentir l'amour du genre humain (empathie). C'est dans votre corps émotionnel, surtout, que les transformations sont importantes.

A l'issue de cette quatrième étape, le troisième centre énergétique de votre Corps de Gloire est éveillé.

Pendant **la cinquième étape**, votre esprit et son serviteur le corps, commencent vraiment à s'unir avec votre « âme ». La principale marque de cela, c'est que vos rêves, inspirés par la Lumière de l'Élément Air, deviennent plus clairs, vous les comprenez mieux, ils peuvent même devenir prémonitoires. Vous commencez à discerner depuis votre cœur plutôt que de juger en fonction de conditionnements. Vous êtes bien engagé(e) maintenant sur la voie de la Vérité.

Sur le plan physique, les changements accomplis lors des quatre précédentes étapes s'accroissent.

A l'issue de cette cinquième étape, le quatrième centre énergétique de votre Corps de Gloire est éveillé.

Durant **la sixième étape**, vous sentez que **vous attirez vraiment les autres**. C'est normal, car votre aura brille maintenant de toute la puissance de la Lumière en provenance de l'Élément Feu et votre charisme s'amplifie. Vous commencez à faire l'expérience du fameux « lâcher prise ». Vous avez plus d'ami(e)s, ou bien vous en rencontrez qui vous conviennent mieux que ceux que vous aviez auparavant. D'ailleurs, tout semble changer continuellement et vous vous sentez plus léger (légère), plus vaste, plus libre. Il faut dire que le taux de Lumière dans votre corps plafonne à 33%, ce qui n'est déjà pas si mal. **Clairvoyance et claire audience vous semblent presque naturelles.**

Sur le plan physique, les changements accomplis lors des cinq précédentes étapes se poursuivent et s'accroissent.

A l'issue de cette sixième étape, le cinquième centre énergétique de votre Corps de Gloire est éveillé.

Dès le début de la septième étape, la Lumière en provenance de l'Éther frappe directement le chakra du cœur. Il s'en suit que **vous assumez mieux vos émotions** parce que, tout simplement, elles ont muté, elles aussi. Vous les trouvez donc plus « vraies », vous êtes de plus en plus « vous-même ». Vos blocages divers, vos vieux schémas limitatifs s'évanouissent. C'est de ce fait une étape de très grande intensité. Vous commencez à vivre dans l'instant. **Toute peur disparaît, y compris celle de la mort.**

Physiquement, les glandes pinéale et pituitaire sont totalement « ouvertes ». La « réconciliation » du cerveau gauche et du cerveau droit se poursuit activement. Vous commencez à changer votre régime alimentaire de façon à ce que vous ingérez soit plus sain. Vous commencez aussi à ressentir, si vous en abusiez, **un net dégoût pour l'alcool, le tabac et les excitants.** Dans ce cas-là, **vous pourrez vous en sevrer rapidement et sans effort.**

A l'issue de cette septième étape, le sixième centre énergétique de votre Corps de Gloire est éveillé.

Durant **la huitième étape**, ce sont les sept Lumières énergétiques en provenance des sept planètes visibles à l'œil nu qui commencent à vous parvenir. Vous percevez quelque peu « le Maître qui est en vous ». Vous n'avez qu'un désir, c'est de vous mettre à son service. Vous être vraiment conscient(e) de l'immensité des multiples dimensions de votre nature, vous savez que **vous pouvez vraiment devenir ce que vous voulez être. Vous arrêtez d'agir par obligation** et vos paroles proviennent vraiment de votre cœur, de votre âme. **Vous baignez dans la sérénité.**

Sur le plan physique, les glandes pinéales et pituitaires, totalement « ouvertes » depuis l'étape précédente, changent de forme. Elles travaillent ensemble à créer **« l'Arc d'Alliance », un arc-en-ciel lumineux qui se courbe depuis le sommet de la tête jusqu'au troisième œil et qui sert à décoder tout « langage » en provenance d'une dimension supérieure.**

Le cerveau est très sollicité, et particulièrement la matière cervicale (que l'on qualifie habituellement de « géante endormie »). Les « graines de cristal » triangulaires situées dans le front ainsi que les cristaux enregistreurs du côté droit du cerveau sont activés. La « réconciliation » du cerveau gauche et du cerveau droit se poursuit à toute vitesse maintenant, car elle va se produire à l'étape suivante.

A l'issue de cette huitième étape, le septième centre énergétique de votre Corps de Gloire est éveillé.

Lors de la neuvième étape, c'est la Lumière en provenance de notre galaxie qui est à l'œuvre. Votre esprit « parle » maintenant Lumière, **vous êtes entré(e) dans la « reliance » et plus du tout dépendant(e) de l'opinion des autres.** Vos intentions, vos motivations, vos actes visent exclusivement ce qu'il y a de plus élevé et s'y conforment. **Du « lâcher prise », vous êtes passé à l'extase. A ce stade, c'est la Lumière divine qui détermine vos revenus, votre travail, qui partage votre vie, absolument tout.**

La « réconciliation » du cerveau gauche et du cerveau droit est achevée. Certains appellent cela « la mort de l'ego », mais selon moi, cette expression n'a pas de sens. L'ego ne disparaît vraiment qu'avec la mort de l'individu. D'ailleurs, j'en veux pour preuve que lorsqu'on l'appelle par son nom ou son prénom, même le plus grand des initiés, tourne la tête ; c'est donc bien qu'il reconnaît être un individu unique (même s'il est, plus que tout autre, relié aux autres) et parfaitement identifiable. C'est en fait **la boursouflure de votre ego qui s'est dégonflée comme une baudruche.**

La « réconciliation » du cerveau gauche et du cerveau droit peut être considérée comme une première « étape » de la réalisation du corps de gloire.

A l'issue de cette neuvième étape, le huitième centre énergétique de votre Corps de Gloire est éveillé.

Lors de la dixième étape, vous baignez dans la Lumière du Monde. Vous avez accès à la quatrième dimension, celle du temps. C'est pourquoi **vous vivez maintenant totalement l'instant présent.**

A l'issue de cette dixième étape, le neuvième centre énergétique de votre Corps de Gloire est éveillé.

Lors de la onzième étape, ce ne sont plus des avatars de la Lumière divine qui interviennent, mais elle-même qui entre en scène. **Tous vos corps éthériques sont activés** et reliés à votre corps physique par des « points rotatifs ». Ces matrices lumineuses s'alignent le long des méridiens d'acupuncture et dessinent des lignes de lumière s'entre-croisant selon de belles figures géométriques. **Vous ne ressentez plus aucune « séparation », vous êtes**

« unifié(e) », vous êtes de retour au jardin d'Éden et votre extase se poursuit.

Sur le plan physique, votre régénération cellulaire totale est achevée.

A l'issue de cette onzième étape, les dix centres énergétiques de votre Corps de Gloire sont maintenant éveillés.

Cependant, si votre Corps de Gloire est à présent constitué, il est toujours un peu branlant. En effet, il reste maintenant à ce que la Lumière divine circule entre les dix Centres afin qu'ils soient tous interconnectés. C'est le but que poursuit la **douzième étape**.

A l'issue de cette douzième étape, votre Corps de Gloire est réellement achevé et solide comme un roc. Vous faites maintenant partie du Système du Nouveau Monde. En relation télépsychique constante avec tous les Maîtres de Lumière qui ont atteint ce niveau, vous participez activement et vous favorisez la redéfinition de notre système qui aura lieu lors de l'étape finale de l'Ascension de la terre (de même que Jésus, homme physique, est monté au Ciel, de même la terre connaîtra une véritable « ascension spirituelle »).

C'est alors que tout existera dans la joie, l'égalité et l'harmonie. Sur cette nouvelle Terre « n'embarqueront » que ceux qui seront vraiment devenus « tissés de Lumière ». Ils brilleront de leur gloire toute entière lorsque la dernière étape du Plan Divin s'accomplira. Les prophéties disent que cette terre « spirituelle » – que les Évangiles appellent la « Jérusalem Céleste » – sortira de cette dimension et sera emmenée dans un système à plusieurs étoiles.

Vous voulez être du voyage ?

Vous savez maintenant ce qu'il vous reste à faire pour cela.

Comment ce « voyage » se passera-t-il exactement ?

C'est un secret que je ne peux vous révéler maintenant, mais qui vous sera accessible quand vous aurez réalisé votre Corps de Gloire.

Et quand cela aura-t-il lieu ?

Si l'on en croit les Prophéties Hopi, le calendrier Maya, les prédictions de Nostradamus, celles d'Edgar Cayce, etc., c'est pour bientôt (2012 ?).

Maintenant, avant même de vous dire comment vous allez pratiquer, je réponds à la question : combien de temps dure chaque étape ?

Bien entendu, c'est variable suivant les personnes. Mais le fait que vous ayez ce livre en mains semble prouver que vous êtes spirituellement déjà évolué(e) ou du moins, le sujet vous intéresse).

Alors, je vais répondre : chaque étape dure en moyenne entre un et deux mois, et donc il faut compter entre 1 et 2 ans pour réaliser votre Corps de gloire, pour devenir une Merkaba en ayant recours à votre Merkaba. Cela suppose certes un certain investissement temporel. Mais dites-vous bien que ce n'est rien comparé à la vie d'ascèse que suppose toute autre technique de maîtrise du Corps de Gloire. Encore une fois, ce surprenant raccourci n'est possible que parce qu'il y a correspondance entre la Merkaba ou le Corps de Gloire – un concept rendant compte d'une certaine forme d'alchimie personnelle qui transmute votre corps et votre esprit – et la Merkabah, la forme qui lui correspond.

Le Corps de Gloire est donc lié à une forme que l'on ne voit pas avec les yeux, mais que les clairvoyants ont perçu et décrit tous de la même manière sans même se connaître, ce qui prouve qu'ils ne mentent pas (vous le vérifierez bientôt vous-même puisque vous aussi, vous serez devenu clairvoyant(e)). Ils disent que, comme les auras, cette forme entoure le corps sur un rayon d'environ 17 mètres et semble même le traverser. C'est une double pyramide à base triangulaire, l'une ayant la pointe en bas, sa base étant située au niveau du plexus solaire, l'autre la pointe en haut, sa base étant située au niveau des genoux. Autrement dit, c'est une Merkabah, dont la représentation incarne le Corps de Gloire, qui est lui-même une représentation éthérique de la Lumière divine.

Lorsque le Corps de Gloire est complètement « endormi », la vision montre que tout cela est statique. Mais plus le corps de gloire « s'anime », plus les deux pyramides se mettent à tourner sur leur base rapidement, l'un dans le sens des aiguilles d'une montre, l'autre dans le sens contraire. Lorsque le Corps de Gloire est totalement éveillé, elles atteignent une vitesse défiant l'imagination. Alors, le « spectacle » est magnifique : on dirait une « soucoupe volante » ou bien encore la structure d'une galaxie.

Maintenant, reste à savoir ce que vous allez devoir faire pratiquement. Pour chaque étape, vous allez visualiser une image unique en prononçant un mantra.

Là, je sens que vos cheveux se dressent sur la tête. Vous vous dites : « visualiser, je connais, c'est on ne peut plus difficile. D'abord, créer une image dans sa tête, ce n'est pas donné à tout le monde, ensuite, même si on y arrive, la maintenir plus de deux secondes, c'est impossible, il y toujours une idée qui passe comme un courant d'air et qui vient tout fiche par terre. »

Rassurez-vous, je sais tout cela. Je connais les difficultés que tout occidental qui ne se soumet pas à un entraînement sévère rencontre à visualiser. Mais là, en l'occurrence, vous n'aurez pas d'effort d'imagination à faire. En réalité, vous ne devrez pas visualiser, simplement voir et vous concentrer sur ce que vous voyez.

Mais qu'allez-vous ainsi contempler ? Votre Merkabah, bien entendu.

Qu'est-ce qu'un mantra ? C'est un son, mais un son particulier. Sa fonction est d'éveiller certaines émotions et de suggestionner l'esprit de telle sorte que celui-ci s'ouvre à d'autres réalités que celles auxquelles l'éducation l'a exercé. Sans doute, physiologiquement, les mantras créent-ils des connections inédites dans le cerveau.

Le mot « mantra » est dérivé du sanskrit « mantrana », soit la « suggestion ».

La répétition d'un mantra choisi en fonction de sa destination mobilise totalement l'esprit. « L'idée » que véhicule le mantra s'inscrit alors dans l'esprit et l'imprègne.

Il est indéniable que la répétition volontaire d'un mantra entraîne une forme d'autohypnose qui favorise la réception de messages transcendantaux.

De tous les mantras, AUM est le plus sacré, et aussi le plus puissant. C'est, dit-on depuis des siècles en Inde, le son primordial, le Verbe divin à l'œuvre dans la création permanente du monde, l'origine et le substrat de l'univers. En notre qualité d'élément de la création, nous sommes imprégnés de cette vibration, mais cette dernière est également en nous à l'état latent. De fait, « *notre conscience individuelle s'inscrit sur les harmoniques d'un chant cosmique. Mais l'homme a oublié ses origines et n'entend plus la douce vibration de vie qui le porte et le relie au souffle de Dieu... les chamanes....ont inventé le seul instrument de musique permettant d'émettre le son primordial : le rhombe, toujours utilisé par les Aborigènes d'Australie. Une simple pièce de bois que l'on fait tournoyer au bout d'une ficelle et qui chante le AUM des brahmanes. »* – J.B. Cabanes.

AUM rend l'Absolu présent. C'est « *la syllabe unique et éternelle dont tout ce qui existe est un développement : le passé ; le présent, le futur sont tous inclus dans ce son unique.* » (Upanishad). « De AUM résultent toutes les semences verbales.

Pour vocaliser le mantra AUM, ouvrez bien la bouche en prononçant la voyelle A, arrondissez-la sur la voyelle U et fermez-la lorsque vous en êtes à la lettre M. Allongez le son de chaque lettre AAAA UUUU MMMM. Ce ne sera sans doute pas parfait au début, mais ne vous inquiétez pas pour cela, le ton juste viendra de lui-même. Ne cherchez pas à atteindre la perfection immédiatement, c'est impossible et cela vous découragerait. Laissez simplement le temps faire son œuvre.

Et pour conclure, concrètement, comment allez vous agir ?

Quotidiennement (mais si vous laissez parfois passer une ou deux journées, ce n'est pas grave), réservez-vous environ de dix minutes à un quart d'heure où vous pourrez vous tenir seul(e) dans une pièce. Assurez-vous, autant que c'est possible, de n'être pas dérangé(e). Si vous pratiquez dans la journée, fermez les volets, et, qu'il fasse jour dehors ou non, éclairez la pièce seulement avec des bougies. Il serait bon que vous pratiquiez régulièrement dans le même endroit et que vous purifiez ce dernier en y faisant brûler de l'encens en grains – du benjoin, si possible, évitez les flagrances trop violentes – ou en vaporisant des huiles essentielles.

Vous déposez votre Merkabah sur un meuble, devant vous. Vous vous efforcez de ne pas la quittez des yeux. Vous prononcez quatre fois le mantra « Aum ». Puis, vous vous levez et, toujours en fixant votre Merkabah, la main gauche sur le plexus solaire et le bras droit étendu devant vous, vous inclinez votre tête sept fois vers l'avant et sept fois vers l'arrière ; ensuite, vous prendrez votre Merkabah dans votre main usuelle et vous imprimerez à votre tête un mouvement circulaire, en la faisant tourner sept fois vers la droite, puis sept fois vers la gauche.

À la fin de chaque séance quotidienne, vous noterez les impressions ressenties sur un cahier spécialement dédié à cela. Datez vos notes et relisez-les régulièrement.

C'est tout.

Vous voyez, ce n'est pas contraignant et c'est à la portée de tout le monde.

Et pourtant, progressivement, mais inéluctablement, des résultats absolument extraordinaires en découleront.

Conclusion

L'innocuité totale
de la Merkabah

« Que la lumière soit… et la lumière Fut ! »
Cécile B de Mille – Les Dix Commandements.

Nous allons maintenant, rapidement, faire un tour d'horizon de ce qui résulte de notre recherche ayant pour objet une Merkabah.

C'est d'abord une forme, et, pour être plus précis, deux pyramides imbriquées l'une dans l'autre, soit la projection en trois dimensions de ce qu'est, sur le plan, un Sceau de Salomon.

En soi, avons-nous dit, une Merkabah manifeste déjà des vertus extraordinaires. Les sensations nées d'un premier contact avec elle vous en convaincront (cf. Chapitre 2). En effet, la Merkabah dégage naturellement et spontanément une énergie puissante (une première « rencontre » avec elle vous en convaincra) qui vous confère une sérénité d'une exceptionnelle qualité.

Et pour que votre Merkabah puisse vous gratifier de l'intégralité de ses immenses potentialités bénéfiques, il faut et il suffit que vous établissiez avec elle un authentique lien de sympathie. **La pratique simple** qui y mène imprimera dans votre Merkabah quatre codes qui vous caractérisent, à savoir votre code social, votre Signature Spirituelle, le nom réel de votre Corps de Gloire et votre Code Adamique (cf. Chapitre 2).

Quand c'est fait, votre Merkabah vous connaît bien mieux que vous ne vous connaissez vous-même et elle est devenue votre amie la plus fidèle qui soit. C'est alors un immense vecteur d'énergie spirituelle capable, déjà, d'exaucer presque tous vos désirs.

Par ailleurs, **sans que vous ayez à intervenir**, votre Merkabah vous fera profiter à la fois de sa protection paternelle, de sa vigilante sollicitude maternelle et de son assistance fraternelle **24 heures sur 24, 7 jours sur 7**.

Par exemple, elle écartera radicalement de vous celles et ceux qui cherchent à vous nuire. De plus, elle vous avertira immédiatement de toute pollution énergétique de votre environnement et y remédiera d'elle-même, là encore, il est bon d'insister sur ce point, **sans que vous ayez à intervenir**. C'est ainsi qu'elle est en mesure de purifier les lieux où, habituellement, règnent « les 3 M » : Malaise, Maladie et Malheur. Et il est certain que votre Merkabah vous changera rapidement pour le meilleur.

Pour en savoir plus, vous vous reporterez utilement au chapitre IV intitulé : « D'autres vertus de votre Merkabah ».

Un tel objet de pouvoir peut-il vous servir autrement ? C'est un fait maintenant prouvé et cela illustre le plus souvent l'adage « l'union fait la force ».

Supposez un objet « chargé » bénéfiquement, ou un objet « signe » (pour reprendre la distinction judicieuse établie par Roger de Lafforest) dont l'histoire témoigne de sa propension à « faire le bien ». Dans un cas comme dans l'autre, votre Merkabah amplifiera leurs vertus salutaires.

Et s'il est vrai que votre Merkabah ne peut rien contre un objet chargé négativement, par contre, elle est en mesure de neutraliser un objet signe qui aurait subi une imprégnation délétère, quelle qu'en soit la nature.

Le pouvoir « dopant » de votre Merkabah, que nous venons d'évoquer, s'applique sans problème aux mots de pouvoir. Et au chapitre III, vous trouverez tous les moyens de « fabriquer » vous-même vos propres « mots de pouvoir ».

En ce qui nous concerne, nous avons inauguré vingt-deux représentations agissantes. Chargées par votre Merkabah, elles constituent ensemble **une authentique « centrale du bonheur »**. Et elles ont l'avantage d'ouvrir la porte à des recherches dont nous ne doutons pas qu'elles seront fructueuses.

Mais le plus grand bonheur qui soit donné à un être humain, n'est-ce pas, finalement, de réaliser complète-ment, en cette vie, ce pourquoi il est fait : devenir un(e)réalisé(e). Les orientaux nomment cet état Éveil, les égyptiens de l'ère pharaonique Merkaba, les initiés occi-dentaux Corps de Gloire.

Or, il se trouve que **l'objet Merkabah entretient de trou-blantes relations avec l'état Merkaba.** Mieux même, **cet objet est la forme qui traduit dans le monde concret cet état.**

177

Car nous l'affirmons, toute « idée transcendante » est une information qui s'exprime dans notre monde au moyen d'un langage particulier, fait de représentations en deux ou trois dimensions. Même « Dieu » a une forme, a-t-il déjà été dit, et c'est bien vrai.

En fait, tout ce qui est vivant a une forme (et « Dieu » est vivant !). Une forme physique pour ce qui concerne les êtres vivants et les choses matérielles de ce monde, cela va de soi, une forme symbolique pour les « idées » (par exemple, l'amour représenté par un angelot qui est sur le point de lancer une flèche – et c'est finalement sur cette base que furent créés les 22 graphiques agissants) et une forme « spirituelle » pour tout ce qui est du domaine éthérique.

C'est ce qui explique, à mon sens, pourquoi la radionique (la « science » des ondes émises par les formes, disent certains) obtient des résultats aussi spectaculaires. Il y a les éternels sceptiques qui en doutent, bien entendu, mais ils n'ont qu'à faire eux-mêmes l'expérience et on verra s'ils doutent encore longtemps, autrement, qu'ils se taisent (ou qu'ils expliquent, par exemple, les phénomènes de momification ou de régénération des lames de rasoir) !

Chaque forme éthérique peut avoir sa correspondance dans le monde physique, et la forme physique n'est rien d'autre que le relais de la forme éthérique correspondante qui, elle-même, est une « représentation » d'une des innombrables vertus de la Lumière divine. Mais faisons évoluer le débat : nous pensons que si le cercle est protecteur, ce n'est pas à cause de sa forme en rond. C'est parce qu'il est l'équivalent sur cette terre de la vibration « Protection » dont la forme « éthérique » est le cercle.

Oui, il est vrai que les vibrations ont une forme, ou plus exactement qu'elles créent en permanence des formes. Prenez l'exemple de certains ténors, vous savez qu'ils sont capables de briser un verre en cristal rien qu'en chantant. La voix, c'est « vibratoire », personne ne nous contredira là-dessus. Mais qu'est-ce qui brise le verre ? Une forme qui est crée par ces voix-là. On ne la voit pas, mais elle existe bel et bien et elle est aussi puissante qu'un carreau d'arbalète ! Sinon, quoi d'autre pourrait bien briser le verre ? C'est la même chose lorsqu'un avion franchit le mur du son et qu'il fait dégringoler en mille morceaux les vitres.

C'est ce qui explique également qu'il y ait des « ondes de forme » extrêmement négatives. Tant que la lutte du Bien et du Mal ne sera pas achevée, à la Lumière de Dieu s'opposera toujours la « Lumière du Diable ». Qui, elle aussi, a des avatars, lesquels créent tous une forme, laquelle peut trouver son équivalent sur terre qui lui serve de relais (par exemple, deux doigts pointés en avant créent une forme spatiale qui est l'exacte reproduction de la forme éthérique adoptée par l'égrégore négatif « malédiction »).

Avant de poursuivre sur ce thème ô combien passionnant, il nous faut conclure sur ce que peut faire pour vous, au final, votre Merkabah. Parce qu'elle est la représentation de l'état Merkaba, elle facilitera et accélèrera votre accession à cet état. C'est ce qui fait l'objet du sixième chapitre de ce livre.

Nous avons dit à plusieurs reprises, y compris dans cette conclusion, que la pratique de la radionique, sans un guide sûr, pouvait se révéler dangereuse. Nous persistons et signons. Une des raisons pour laquelle il en est ainsi, c'est que la radionique manipule effectivement des énergies.

Celles-ci, comme nous venons de le dire, peuvent être reliées à un égrégore négatif. Mais même sans considérer cela, les dites énergies peuvent se révéler dangereuses pour un être humain.

Tout le monde, un jour ou l'autre, a eu les phalanges écrasées par une personne serrant la main. Généralement, celles et ceux qui agissent ainsi n'ont pas l'intention de faire mal. On dit que ces gens-là « ne sentent pas leur force ». Mais, intention « mauvaise » ou non, le résultat se traduit tout de même par une douleur ressentie.

Dans un dessin animé pour adultes qui pratique volontiers l'humour noir – son titre nous échappe – il est question d'un « bon géant » qui doit terrasser un a un toutes les brutes qui ont enlevé sa fiancée. Il y parvient et lorsque la voici enfin libre, il la serre dans ses bras si fort... qu'il la tue ! Son transport amoureux a fait pire que tous les sévices subis précédemment par la dulcinée.

Il en va de même de certaines énergies, d'autant plus insidieuses qu'elles sont invisibles. Une trop forte dose de radioactivité tue. Une trop forte exposition à des énergies dont on connaît encore mal la nature peut avoir des résultats dommageables.

N'allez pas nous faire dire que nous recommandons de ne plus jamais avoir recours à la radionique. Simplement, au néophyte, nous disons : ne reproduisez que des expériences qui ont été dûment répertoriées comme inoffensives par divers auteurs de confiance. Et aux chercheurs en ce domaine, nous recommandons de s'entourer de prudence.

Pourquoi ne courez-vous aucun risque avec votre Merkabah ? Parce que, nous le savons maintenant, ce qu'elle « manipule », ce sont non pas des « énergies physiques », mais **des informations**.

Quelle différence, demanderez-vous ?

Pour la mettre en évidence, retournons à l'exemple de notre géant : si, en lieu et place de manifester physiquement son amour, il s'était contenté de dire ou d'écrire « je t'aime », bref, de l'informer de son amour sans le manifester physiquement, sa dulcinée n'en serait pas morte.

Mais s'il est vrai que l'information ne peut avoir d'impact négatif sur le physique des êtres humains, elle peut se révéler destructrice psychiquement. Certains mots peuvent tuer.

Pourquoi, dans ce cas, l'information reçue et émise par votre Merkabah est-elle garantie totalement inoffensive ?

Tout simplement parce qu'elle est une forme en relation avec un concept « spirituel » (Merkaba), lui-même en rapport avec ce qui se fait de plus élevé dans le « monde des idées » : la lumière divine.

Pour émettre une information, la Merkabah doit d'abord la recevoir. Et ce qui est émis est de la même nature que ce qui est reçu. La Merkabah « transforme » l'information dont elle est récipiendaire en une émission qui peut se révéler active dans notre monde, mais elle se limite à cela. La nature essentielle de ce qui est reçu n'est nullement modifiée.

Or, qu'est-ce qui est reçu ? D'où provient cette information captée par la Merkabah ? C'est ce que nous avons appelé à plusieurs reprises « la Lumière Divine » dont divers avatars vous ont été décrits dans le sixième chapitre. Et **la Lumière Divine est le rempart ultime contre toute forme de chaos, quel qu'il soit** (dans le jargon des physiciens, elle est néguentropique, elle s'oppose à l'entropie qui conduit au chaos). Pour dire les choses métaphoriquement, la « Merkabah », puisqu'elle véhicule de l'information, pratique une certaine langue.

Mais ce langage, ce n'est ni plus ni moins que le Verbe. Ce dernier, en aucune manière, ne peut exprimer une information qui détruise quoi que ce soit.

Le Verbe crée, l'acte de « cueillir la pomme » entraîne la Chute. Seul, le retour au Verbe peut en gommer les conséquences néfastes.

Nous avons dit, dans le second chapitre, que certains de vos désirs ne seront peut-être pas exaucés par votre Merkabah. Il peut y avoir à cela deux raisons.

1. Votre intention pouvait porter préjudice à vous-même ou à autrui. Elle ne peut être traduite dans la « langue » que parle la Merkabah. De ce fait, cette dernière ne l'a ni comprise, ni reçue et, partant, elle n'a rien fait.

2. Votre intention, comme nous l'avons mis en exergue dans le deuxième chapitre, **va à l'encontre de votre destinée karmique**. Votre Merkabah, qui est « presciente », le sait. Elle refuse d'exaucer ce qui pourrait vous sembler bénéfique à court terme, mais ce qui ne serait pas moins dommageable à moyenne ou longue échéance.

Vous qui avez lu ce livre, vous êtes peut-être « effrayé(e) » par ce qui vous semble être hors de votre portée. Cela n'a pas lieu d'être, je puis vous en assurer, cependant, mon propos n'est pas de chercher à vous convaincre du contraire. Si tel est votre cas, voici ce que je vous conseille.

Lisez et mettez en pratique le chapitre II. Etablissez un lien de sympathie avec votre Merkabah. Cela ne vous prendra que cinq minutes.

Puis laissez votre Merkabah faire ses preuves (chapitre IV). **D'elle-même, elle vous incitera à aller plus loin.**

Et quand vous serez prêt(e), vous y aurez d'abord recours pour dynamiser des objets, des mots de pouvoir ou l'un ou l'autre de nos graphiques.

Puis, gravissant les échelons de votre histoire personnelle, vous en viendrez à tenter l'aventure exaltante qui consiste à **devenir une Merkaba**.

Laissez venir à vous la Merkabah : elle ne vous décevra jamais.

Emile Sentier a coutume de conclure ses ouvrages par « Que ce qui porte lumière daigne vous éclairer ». Nous le paraphraserons en vous disant : « la Merkabah est porteuse naturellement et essentiellement de Lumière ».

Note : les magnétiseurs, les thérapeutes, les psychologues et les médiums, tous ceux qui, au cours de leur mission humanitaire, sont souvent confronté aux atmosphères lourdes que véhicule la détresse humaine, auront intérêt à laisser en permanence une Merkabah dans leur cabinet de consultation pour le purifier des négativités que le malheur abandonne derrière lui.

Table des matières

Préface	Porteur de lumière – Emile Sentier	7
Chapitre I	Spirad : la genèse	17
Chapitre II	Un immense vecteur d'énergies positives	31
Chapitre III	Le Pouvoir amplificateur de la Merkabah	55
Chapitre IV	D'autres vertus de votre Merkabah	75
Chapitre V	La Centrale du Bonheur	85
Chapitre VI	Devenez une Merkaba	151
Conclusion	L'innocuité totale de la Merkabah	175

Chez le même éditeur

Karine Chateigner : *Le Nouveau Livre des Esprits*

Karine Chateigner : *Ecce Homo*

Rudolph Breuss : *La Cure Breuss*

Chantal et Lionel Clergeaud : *L'Argile, Terre de Vie*

Scott Cunningham & David Harrington : *Secrets et Recettes pour un Habitat Heureux*

Melita Denning & Osborne Phillips : *L'autodéfense psychique*

Jean-Luc Belleney : *Comment Réussir sa Vie avec les Dessins Psycho-énergétics*

Jean-Luc Belleney : *Les 9 Cartes Sacrées du Bonheur et de la Prospérité*

Dr Francis Frandeau de Marly : *Le Traité des Influences Cosmo-magnétiques*

Dr Francis Frandeau de Marly: *Nouvelles Techniques Radioniques de Pouvoir*

Emile Sentier : *Le Guide Pratique des Mots de Pouvoir*

Jérôme Calmar : *L'Eveil selon le Tchan*

Tony Hogan : *Né pour Guérir*

A.D. du Graal : *Des Mégalithes aux Cathédrales*

Chrys Monroe : *Faites Jaillir le Divin dans votre Vie*

Chrys Monroe : *Entrez dans la Lumière*

Chrys Monroe : *Les Secrets de la Richesse et du Bonheur*

Pr Gary E. Schwartz : *Extraordinaires Contacts avec l'Au-Delà*

Wolfgang Hahl : *Le Guide des Bijoux et Pierres d'Energie*

Jean-Claude Secondé : *Bijoux et Pierres d'Influence*

Tony Stockwell : *Vivre entre 2 Mondes*

Magalion : *Le Chemin du Père*

Magalion : *Guérisseur Source de Vie*

Magalion : *Au Royaume de la vie*

Magalion : *Les 5 Pouvoirs*

Dr Al Sears : *La Cure Anti-Age*

Achevé d'imprimer en juin 2013
sur les presses de la Nouvelle Imprimerie Laballery
58500 Clamecy
Dépôt légal : juin 2013
N° d'impression : 305241

Imprimé en France

La Nouvelle Imprimerie Laballery est titulaire de la marque Imprim'Vert®